U0679682

CHEERS

与最聪明的人共同进化

HERE COMES EVERYBODY

CHEERS
湛庐

共感経営

共感経営
「物語り戦略」で
輝く現場

〔日〕野中郁次郎
胜见明 著

杨剑 王秋实 樊华 译

浙江教育出版社·杭州

企业如何通过共感经营获得创新动力？

- 共感是一种共享他人的情感状态或行为意义的精神功能。人与人共感时，要先经历理性综合，再经历感性综合，这是对的吗？

  A. 对

  B. 错

- 通过直观本质，提出跳跃性假设，得到真正的答案，这就是共感经营。以下哪种战略是实现共感经营的有效路径？

  A. 叙事型战略

  B. 分析型战略

- 共感指共享隐性知识，相比显性知识，隐性知识有什么特点？（单选题）

  A. 具有逻辑性

  B. 感官可以感知

  C. 客观反映现实

  D. 难以用语言表达

扫描左侧二维码查看本书更多测试题

野中郁次郎

知识创造理论之父

のなか
いくじろう

1. 知识创造理论奠基人，搭建知识管理领域的重要框架

　　1935 年，野中郁次郎出生在日本东京的一个工匠家庭。他的少年时期是在动荡不安的二战中度过的。大学毕业后，他加入了日本富士电机制造公司。在工作中，他很快意识到，日本的管理学方法论大多源自美国，这一发现激发了他赴美深造的决心。

　　从加州大学伯克利分校哈斯商学院博士毕业后，野中郁次郎回到日本，开始了他丰富多彩的学术生涯。他在包括一桥大学在内的多所顶尖学府任教，并在此期间与竹内弘高合作，撰写了具有里程碑意义的著作《创造知识的企业》。这本书不仅成为全球畅销书，赢得了众多奖项，还首次系统性地提出了知识创造理论（SECI 模型），这一理论强调隐性知识与显性知识之间的转换，已成为知识管理领域的重要框架之一，在全球范围内得到了广泛的认可和应用。

　　野中郁次郎的学术研究不仅推动了理论的发展，更与商业实践紧密结合。他频繁地访问企业，为富士通、三井物产、Seven & I 等知名企业提供咨询服务，帮助它们运用知识创造理论以提升竞争力。他的工作不仅在理论上有所创新，更深刻地影响了全球的企业管理和创新实践。

2. 世界级管理大师，东方管理思想的传播者

虽然历史上许多著名的管理学家都来自经历了工业革命洗礼的欧美国家，但野中郁次郎却打破了这一模式。他是继大前研一之后，又一位在国际上获得认可的亚洲管理大师。

野中郁次郎的理论不仅与美国主流的组织行为理论形成鲜明对比，还融入了"情境领导力""隐性知识"等具有东方管理特色的新概念。他强调整体观念，即天地、万物、人类社会、意识形态构成的一个完整、多层次的复杂系统。这种系统性思维为管理实践提供了更为全面和深入的视角，强调了组织内部各部分之间的相互联系和影响。

在学术界，他以其坚定的立场挑战了欧美的管理权威，展现了东方管理思想的独特魅力。尽管有人戏称他是要用美国人的知识战胜美国人，但不可否认的是，知识管理在当今具有非常重要的地位，而野中郁次郎在知识管理领域的贡献是无可替代的。通过他的理论，我们不仅看到了他的学术成就，还进一步了解了日本思想的特色，以及在全球化背景下日美和东西方文化的交融。他的理论成为东西方管理学交流的桥梁，促进了全球管理学的多元发展。

3. 勤勉的终身学习者，由自己来创造最有价值的知识

野中郁次郎曾深刻地指出，"最有价值的知识不是从别人那里获得的，而是我们自己创造的"。他投入了30多年的时间，深入研究日本制造业的兴衰，最终提出了知识创造理论。他将毕生精力奉献给了研究和教育事业，致力于将知识的力量传递给更多的人，因此在学术界、政府和商界都享有极高的声誉。

2002 年，野中郁次郎荣获日本政府颁发的"紫绶褒章"，并成为首位入选美国管理学会的亚洲学者。2008 年，他入选《华尔街日报》最具影响力的商业思想家。2010 年，因在教育领域的卓越成就和深远贡献，他被授予"瑞宝章"。2012 年，他获得美国国际商务学会的"杰出学者奖"。2013 年，他荣获 Thinkers50 的终身成就奖。2017 年，他被加州大学伯克利分校哈斯商学院授予"终身成就奖"，这是该学院对其校友颁发的最高荣誉，此前仅有 4 位校友获此殊荣，野中郁次郎是第五位，也是唯一一位学者身份的获奖者。

自获得博士学位以来，野中郁次郎在管理学界已经耕耘了超过半个世纪。在此期间，他发表了近 50 篇论文，出版了 80 多部专著。即使在正式退休后，他依然保持着学术研究的活力，独立或与他人合作撰写了 20 多本关于知识创新、战略、组织理论和经营管理的书籍。野中郁次郎的学术研究从未停歇，他那种活到老、学到老的终生勤勉态度，以及对学术的热爱，令人肃然起敬。他坚信，通过不断的学习和创新，组织能够实现持续的成长和发展。

以共感经营打造组织动态能力

陈　劲

清华大学经济管理学院苹果公司讲席教授

本书是知识创造理论之父野中郁次郎教授的又一本力作。在长期的组织知识创新研究过程中，野中教授在 20 世纪 90 年代首先提出了知识创造的 SECI 螺旋模型，即组织内知识通过社会化（socialization）、外显化（externalization）、组合化（combination）、内隐化（internalization）的循环，推动知识的两种基本形式——显性知识和隐性知识之间的动态转化和螺旋上升过程。2021 年，野中教授在深入总结过去知识管理理论与实践的基础上，紧密结合新的知识场景需求，提出了一个具有前瞻性的观点：企业应当重视"智慧"的创造，并强调高阶隐性知识对企业持续创新能力的重要性。在本书中，野中教授提出的"共感经营"，是继知识螺旋、智慧创造之后又一种崭新的企业经营理念。

野中教授尖锐地指出，当前组织发展面临数字化转型的"技术硬化"挑战，必须进一步加强叙事型战略，开展共感经营，以进一步破解西方管理理论过于关注数据和信息、形成"分析式瘫痪"的不足。野中教授始终坚持人而非机器或技术是组织发展的核心，必须加强共感经营，形成和谐的知识创造环境，以不断激发每位员工的创造力，实现组织能力的持续提升。

野中教授的这一管理思想，一方面充分吸收了东方传统智慧的优秀之处，如中国古代巨儒孔子对知识的高度重视，提倡组织发展必须坚持孔子"温故而知新"的思想观念，不断开展苏格拉底式的对话，实现知识共创。另一方面，野中教授也充分吸收了日本哲学的相关优点，如日本近代哲学家西田几多郎"主观和客观合一"的纯粹经验理论，强调知识创造必须加强主体和客体的互动，"善"就是实现主客合一的意识状态，也是经由自我的发展完成的。可以说，共感经营是东方哲学应用于现代管理的绝佳呈现。

野中教授近年来也一直关注企业战略管理的转型，他认为传统的战略管理过于依赖环境分析，忽视了组织自身能力，特别是动态能力的建设。野中教授极为推崇大卫·蒂斯的动态能力理论，认为组织不断洞察未来变迁、加强组织柔性、提升技术柔性而形成的持续整合能力，是未来企业经营成败的关键。为此，本书提出的共感经营也是组织构建动态能力的又一新途径。

总之，共感经营对于当代企业管理，特别是管理者来说，具有十分重要的意义。在数字技术，特别是生成式人工智能高速发展的时代，现代组织仍要把形成人与人之间的对话、产生共感作为重点，以实现德国哲学家胡塞尔所提倡的"主体间性"合作。通过不断想象未来、加强叙事对话、与员工共创发展，以成为共感型领导，是微软、花王、本田这些优秀企业经营者的绝佳实践历程，也应是我国企业家、管理者的必修之路。

共感经营，构建难以被模仿的竞争优势

什么是共感经营？共感经营是指在企业经营或业务推进时，以共感为起点，在直观①事物本质的过程中提出"跳跃性假设"②，最终实现业务创新并取得经营上巨大的成功。在这一过程中，共感会体现在各个环节，共感的力量会成为驱动力或推动力，推进仅靠逻辑无法推进的事情，实现仅靠分析无法达到的目标。

共感经营体现在各种关系中，例如我们与客户的共感，与高层管理者、上级以及员工的共感，团队成员之间的共感，客户与企业的共感，等等。共感经营以人与人之间的共感为基础，而当我们面前的对象为物时，通过全身

---

① "直观"也有"在一瞬间凭本能用心感受到事物"的意思，而本书采用的"直观"一词意为直接看透事物的本质。

② 跳跃性假设：指无须经过思考就得出的结论。——编者注

心地投入，达到物我合一的境地，我们也会形成共感。

野中郁次郎十分推崇管理学之父彼得·德鲁克（Peter Drucker）。德鲁克曾在其著作中预测，21 世纪，"知识社会"将会到来，知识将是唯一有意义的经营资源。他还指出，组织的运行不再以物质和信息为基础，而是进入了转变期，人们将从知识的角度出发，重新反思。德鲁克还期待新的理论出现，表示"我们现在需要的是一套将知识置于财富创造过程中心的经济理论"。而野中郁次郎构建的知识创造理论与此不谋而合，该理论将知识定位为除人力、物力、财力和信息外最重要的经营资源。

知识创造的起点便是共感。共感可以使我们将无法用语言或数字表达的思想、理念或其他隐性知识与他人共享。本书将共感比作"第六种经营资源"，它在经营企业或业务推进的过程中有非常重要的意义。这里举两个很有意思的例子，来说明共感在人类活动或行动中的重要性。第一个例子源于本书作者的调查试验，调查的内容为日本东京日立制作所推出的人工智能"H"在客服中心投入使用的效果。

客服中心会通过电话进行销售，由于日期与地点不同，每天的接单率会有差异，最多时有 3 倍的差距。该公司决定用一个月的时间，让话务员佩戴名片大小的感测器，以调查影响接单率的主要因素。感测器会记录佩戴者细微的身体活动，感测他们在何时、何地与谁接触，以及接触了多长时间，再将收集到的数据交由 H 分析。

以往的研究结论表明，人类的身体活动和自身的幸福指数相关：幸福指数高的人，做出发言、点头表示理解、步行、打字等举动的频率更高；幸福指数低的人则相反。

进一步的试验结果显示，接单率与话务员当天的幸福指数直接相关，而与话务员的能力无关。话务员的幸福指数高于平均值时，他们的接单率比指数低于平均值时要高 34%。

作者通过这项试验发现了一个影响话务员幸福指数的意外因素，那就是话务员在休息时的身体活跃度。在休息时间，话务员闲聊得越尽兴，整个客服中心团队的幸福指数就会越高，接单率也会提高。另外，话务员在休息时能够闲聊起来的主要因素也有所凸显。数据显示，管理者在工作中对话务员提出适当的建议或进行鼓励具有重要作用。在受到管理者的鼓励后，团队幸福指数有了提升，接单率也连续提升了 20% 以上。

第二个例子发生在某家具店卖场。我们开展了人类和人工智能 H 哪一个能卖出更多商品的竞赛试验。人类一方的代表是两位在物流行业成就突出的专家，他们调查公司和店铺、勘查现场并查阅数据，最终决定以 LED 灯泡等为主打商品，展示在显眼的货架上，并设置 POP^① 广告。

另一边，H 方则由店长、店员和顾客佩戴名片型感测器，以此检测购物时相关人员的行动并分析数据。在为期 10 天的试验中，H 不仅要测算顾客、店员的身体活动和店内行动的数据，还要分析销售终端（POS 机）的销售数据和店内商品的配置信息。

结果，H 为如何提升销售额提供了令人感到意外的答案，那就是让店员一直待在某个特定的位置。H 预测，一段时间内，如果在正对入口的通

---

① POP：英文全称为 Point of Purchase。POP 广告是指在不同营业现场设置的各种广告形式。——编者注

道尽头，即"高灵敏度点"①，让店员每次多停留 10 秒，那么在这段时间里，店内顾客的平均消费额就会提升 145 日元。

一个月后，胜负终于揭晓，H 获胜。专家们想出的对策几乎没有为销售额带来任何影响，而 H 指示店员尽量在高灵敏度点多作停留，使他们的停留时间增加了 1.7 倍，最终使整家店的顾客平均消费额提升了 15%。

数据能显示出 H 的方法对家具店产生的影响。店员若长时间停留在高灵敏度点，总体上接待顾客的时间就会增加，行为也会较为活跃。值得注意的是，店员接待来店顾客的场景变多后，在周围看到这一场景的顾客也会活跃起来，停留时间也会延长，前往昂贵商品区域的顾客也会增加，从而提升消费额。简单来说，这种店员配置的变更会让店里显得更加热闹，最终提升销售业绩。

令人惊讶的是，H 还可以用定量的方式预测顾客购买行为与店员应对周围状况方式的关联，推导出人类想象不到却更像是人类才会做出的假设。

由此可见，解读这两个试验结果的关键词是"相遇"②和"共感"。客服中心的管理者对话务员提出建议或进行鼓励时，双方会有所接触，进而彼此产生共感。在休息时间话务员间的闲聊也是这个道理。家具店的顾客和店员有所接触，也进而会对店员的接待行为产生共感。这样的相遇和共感让客服中心的接单率增加，也让家具店内的顾客进行了更多消费。这两项试验结果

---

① 高灵敏度点：指卖场中最能吸引顾客目光和注意力的地方。——编者注

② 相遇：意为人与人之间有意义的交流和互动，不仅是指物理上的见面，更指心灵上的沟通与理解。——编者注

显示了相遇和共感，特别是共感是如何推动人类的活动和行为的。

人与人之间的共感，肉眼是无法看到的。如果我们有像夜视镜一样的"共感眼镜"，能够看到共感，就会发现，在客服中心和家具店，共感到处散发着独特的魅力。

所以，要想提升客服中心话务员的工作效率，就要向他们提出更多建议、给予更多鼓励；要想提升家具店的业绩，就要让店员站在高灵敏度点，延长与顾客的接触时间。人工智能从庞大的检测数据中找到了特定的模式，得出了"真正的答案"，而这两个答案都不是通过逻辑或分析就能推导出来的。如果仅通过逻辑、分析来寻找答案，结果就是客服中心需要加强技能培训，家具店则会像专家建议的那样，把重点放在主打商品上。

那么，我们应当怎样找到真正的答案呢？这时，共感经营学就变得尤为必要。在经营过程中，我们要与他人进行接触，站在他人的立场，进入他人的情境，与之共感，而不是从外部分析他人。这样一来，我们的视角就会由"从外部看"切换成"从内部看"，并直观以往没有察觉到的事物本质。在此过程中进行思维跳跃，就可以推导出跳跃性假设。在客服中心的案例中，运营负责人或管理者要与话务员共感；在家具店的案例中，店长或店员要与顾客共感。**通过直观本质，提出跳跃性假设，得到真正的答案，这就是共感经营。**

人际关系的本质在于共感。本书基于 9 个案例指出，企业经营或业务推进上的创新和巨大成功，不是通过逻辑分析，而是通过"共感—直观本质—提出跳跃性假设"这一过程实现的。

共感、直观本质和跳跃性假设到底是什么？这一过程为何能够实现创新或巨大成功？本书将通过野中郁次郎提出的知识创造理论，说明什么是共感经营，这便是本书的主旨。

本书将通过实例来印证，在以共感驱动创新的情境下，以市场数据为基础的分析型战略（Analytical Strategy）几乎无法实现目标，所以要针对当下的状况，一次次做出尽可能完美的判断，再执行叙事型战略（Narrative Strategy）。在对"叙事型战略"一词命名时，本书没有采用名词性质的"故事"，而采用了动词性质的"叙事"。

那么，叙事型战略是如何形成的，又应如何实践？这要从"情节"（Plot）和"行为规范"（Script）两方面阐述。另外，推行共感经营需要什么样的管理？推动叙事型战略的条件是什么？要回答这两个问题，就需要我们找到让创新成为可能的知识方法，也就是看透知识创造的思考和行动模式的本质。

本书的特点在于，将具体的实践案例与对案例的理论解读相结合，这一模式只有通过记者和经营学学者的合作才能实现。这一组合也造就了本书的独特性。

作为作者之一的野中郁次郎自 2002 年以来，就在人力与组织这一领域的管理类杂志 Works 上，连载"成功的本质"系列文章，已持续 18 年。文章中的案例取自日本企业和组织的创新或成功事例，截至 2020 年 4 月，已经连续记录了多达 107 个案例。基于这些案例，野中郁次郎还出版了《创新的本质》《创新的实现方式》《创新的智慧》和《全员经营》等图书。

本书从 2015—2020 年现场采访的案例中，选出了通过实践共感经营、推动叙事型战略，实现创新并获得巨大成功的典型案例。每一个都是读者关心、社会瞩目、话题性强的案例，作者也对案例主体的做法有着强烈的共感。

本书的案例部分由记者胜见明执笔，经营讲义部分由野中郁次郎负责撰写，而胜见明也会适度增添一些内容。另外，本书中人物的头衔原则上使用他们当时所担任的职务，数据也已根据需要更新为本书出版之时的最新版本。

希望本书能够让读者产生共感，帮助读者通过叙事型战略推动共感经营。

目 录

第 2 章　"直观本质"和"跳跃性假设"
是共感驱动创新的关键　063

第 3 章　在快速变化的市场中
打赢知识机动战　113

第 4 章　叙事型战略，
实现共感经营的有效路径　139

「物語り戦略」で
輝く現場

引　言

共感是知识社会最重要的
第六种经营资源

　　野中郁次郎曾于 2019 年 7 月受邀参加了一场会议，会议为期两天，举办地点是经济学之父亚当·斯密在英国爱丁堡的故居。这场会议的主题是"资本主义的重建"，由加州大学伯克利分校哈斯商学院和爱丁堡大学商学院共同举办，约有 300 名来自各国各行业的学者、政策决策者和企业家参加。野中郁次郎曾在加州大学留学并取得博士学位。

　　当时，以本国利益优先的"新重商主义"在世界范围内广泛传播，而对于这一情形将给资本主义和全球秩序带来的改变，专家学者展开了持久的辩论，其中最受瞩目的问题是"现在是否应该回到亚当·斯密提到的原点"。大家提出这个问题的核心意图，正是强调"与他人共感"这一概念。亚当·斯密在 260 年前就曾强调与他人共感的重要性。他曾指出，经由"看不见的手"（自由竞争下的市场机制作用）的引导，人们在追求个人利益的同时，也促进了公共利益。亚当·斯密在其著作《国富论》（*The Wealth of Nations*）中着重宣传自由竞争的效果，而这也是该书最为人所知的一个观点。

然而，一味强调自由竞争，会导致社会过度向股东资本主义倾斜，产生不良影响。基于对资本主义现状的危机感，会议重新将目光转向了亚当·斯密在《道德情操论》（*The Theory of Moral Sentiments*）中提及的人类观和社会观。该书是亚当·斯密的处女作，成书时间比《国富论》早17年，被视为亚当·斯密的思想基础。

亚当·斯密一生只写过两本书。1776年出版的《国富论》讨论了经济学，而1759年出版的《道德情操论》探讨了道德伦理体系。他在《道德情操论》中指出，人际关系的本质在于共感。

与他人共感催生了社会纪律，经由"看不见的手"的引导，社会更加进步，在此基础上自由竞争得以实现，社会利益得以保障。因此，会议指出，应当重新认识亚当·斯密提出的与他人共感以及在此基础上产生的社会纪律。基于此观点，会议确认了与客户共感的重要性，以及偏重股东资本主义、追求股东价值最大化的错误之处。

除客户之外，会议也对企业员工的定位进行了讨论。过去，人们强调股东价值优先，员工被视为一次性的人力资源，工作的尊严被剥夺。然而，在以知识为资源的知识社会中，员工对团队的重要性日渐提升。员工之间以及管理层与员工之间的共感，将成为新知识产生的原点，刷新人们的认知。

美国经济界宣布要放弃股东至上主义

像是要呼应会议的讨论结果，会议结束后的第二个月，美国规模最大的管理层组织"商业圆桌会议"（Business Roundtable）发表了一则声明，宣布将从根本上重新评估以往的股东至上主义。声明指出，对利益相关者的优先重视顺序应为：客户、员工、业务伙伴、社区和股东。其中，股东利益被排在最后一位。

该声明的正式名称是《公司宗旨宣言书》（*Purpose of a Corporation*）。Purpose 原本的意思是"宗旨"，但近年来含义有所改变，还表示"存在意义"。企业的存在意义正是本书中最重要的概念之一。

声明强调，"为了推动对美国全民的经济援助，需要重新定义企业的目标"。除担任该组织会长的摩根大通银行 CEO 杰米·戴蒙（Jamie Dimon）外，亚马逊公司 CEO 杰夫·贝佐斯（Jeff Bezos）及通用汽车公司 CEO 玛丽·巴拉（Mary Barra）等共计 181 名知名高管联名签署了该声明。

商业圆桌会议拥有 50 多年的历史，曾在 1997 年宣扬股东至上主义，在 20 多年后却宣布要放弃股东至上主义。这说明股东资本主义和美国经营模式迎来了一个巨大的转折点。

微软 CEO 纳德拉通过共感经营实现"刷新"

实际上，在美国企业的管理层中，已经有人开始提倡共感的重要性，并采取了行动。其中的代表人物是微软 CEO 萨提亚·纳德拉（Satya Nadella）。

微软进军搜索引擎、智能手机和云端存储等领域的时间很晚，但随着其电脑事业发展进入巅峰期以及 GAFA[①] 的飞跃发展，微软不仅在业务上实现了 "V 字形" 反弹，还登上了企业市值世界第一的宝座。纳德拉是这一过程中最大的功臣。

2014 年，纳德拉从史蒂夫·鲍尔默（Steve Ballmer）手中接过 CEO 一职后，就开始思考微软的存在意义。为了重新发掘存在意义，纳德拉将企业文化改革定为首要课题，他提出，改革的关键理念是将共感置于中心位置，并提出了共感经营的模式。

纳德拉在其著作《刷新》（*Hit Refresh*）中回顾了自身事业在半个世纪以来的沉浮，并讲述了企业改革的轨迹，其中出现频率最多的词语就是 "empathy" [②]。他在这本书中写到如下几段话：

> 我的人生哲学和热情是长时间形成的，在这个过程中，我还经历过各种各样的事情；我想把创意和对他人的同理心连在一起。创意令人兴奋，同理心则是我做事的核心准则。
> 本书的主题是改革。我的内心和公司都在进行一项改革，即将与他人的共感，或者想帮助他人的这种欲望转变为原动力。
> 每天只盯着办公室里的电脑，是无法成为拥有共感能力的领导的。要想成为共感能力强的领导，就必须走进生活，到实际的生活场所去接触消费者，看看我们研发的科技产品是如何影响人们的日常生活的。

---

① GAFA：谷歌、亚马逊、Facebook 和苹果的英文首字母缩写。
② empathy，即本书中所说的共感，这个词在《刷新》的中文简体字版中被译为 "同理心"，但其实两种译法的意义是共通的。——编者注

此外，对于为何将"同理心＋共同的价值观＋安全可靠＝信任"作为商业运作方程式，纳德拉这样解释道："希望大家注意，我的方程式把同理心（共感）放在了第一位。企业设计产品也好，议员制定政策也罢，都必须对大众及其需求产生共感。"

除了对客户的共感，纳德拉也同样重视公司内部以及团队成员之间的共感。微软日本分公司前任总裁平野拓也说过，自纳德拉担任 CEO 后，美国总公司董事会会议的举行方式已经完全改变。

以前，董事会根据业绩的数值，花费大量时间分析计划的进度。现在，这种方式已经被完全舍弃，取而代之的是寻求共感的会议，出席会议的董事们会逐个分享自己的人生经历和人生观。这就是纳德拉为美国总公司的经营执行团队引入的新会议方式。

纳德拉之所以将共感置于自身哲学的中心，据说一是因为其长子早产，并且身患重度小儿麻痹，落下了终身残疾；二是因为他来自印度，接触过佛教关怀众生的教义。

纳德拉以具备共感经营和共感能力的领导力为核心，使微软实现了企业文化的变革以及业务的"V 字形"反弹，如果将这些过程进行综合分析，就能为多数企业的变革指明方向。

日本企业向共感经营寻求"3 大疾病"的解决之道

由于过度分析、过度计划、过度遵守规则"3 大疾病"，日本企业逐渐丧失活力，组织能力不断弱化。日本人普遍秉承的一种观点是，只要做出分析，制订计划，并遵守规则，企业就能成功运营。自 20 世纪 90 年代以来，日本过度迎合美国的分析经营模式，从而忽视了本国企业的存在意义。例如，总公司对现场情况并不了解却发出指令，而为了完成总公司的指令，中层和一线员工竭尽全力，导致自己压力过大、疲惫不堪。这就是大多数日本企业的困境。

事实上，激发现场活力，让员工鼓足干劲积极工作，最终实现了创新和巨大成功的案例也有不少。这些案例中的企业都有一个共同之处，那就是企业与客户之间、高层与下属之间、员工与员工之间、团队成员之间都会互相接触，产生联系，将内心的共感转化为能创造新价值的原动力。

另一个共同之处在于，这些企业摒弃了美国推崇的分析型战略，即分析市场环境和企业自身的内部资源，寻找企业在市场中最合适的定位，转而探究起了自身的存在意义。为了实现组织愿景，这些企业致力于在"此时此地"的情境中做出最佳判断，并付诸实践，最终取得巨大成功。这就是所谓的叙事型战略。

如今，我们处于 VUCA① 世界，要以一种静态的、固定的分析型战略来掌控复杂多变的市场环境，势必会有所限制。而叙事型战略采取动态、流动的方式来应对不断变化的状况，即便不稳定性和不确定性很强，也能够产出成果。因此，其他国家的管理学学者也很关注叙事型战略。

---

① VUCA 是易变性（Volatility）、不确定性（Uncertainty）、复杂性（Complexity）、模糊性（Ambiguity）的英文首字母缩写，用以描述一种时代特性。——编者注

另外，在分析型战略中，人作为经营主体，其主观意志和价值观并不会介入经营中。但在叙事型战略中，"要成为一个什么样的人"这一主观意志和价值观具有非常重要的意义。这一战略极其强调以人为本，因此会推动人们去探究人类的生存方式，从而创造生活价值和工作价值。

麒麟啤酒通过共感管理逆风翻盘

Voice 杂志曾刊登了记者与麒麟啤酒前副总裁田村润的两次对谈。当时，田村润的作品《为什么我家的冰箱里都是麒麟啤酒》销量已超过 20 万册，并还在持续畅销。之后，他出版了《要将习惯了失败的员工转型成"战斗集团"只有一个方法》，在书中用知识创造理论解读了他自己的管理方法。

田村润创造的"高知分店的奇迹"，正是在日本企业陷入 3 大疾病的状况下，凭借共感的力量和叙事型战略实现的。

1995 年，45 岁的田村润就任麒麟啤酒高知分店店长。由于当时他在某件事上和上司产生了冲突，所以公司内外也将这次异常的人事变动称为"左迁"。就任时，朝日啤酒 Super Dry 系列正在热卖，挤占了麒麟啤酒的市场，导致后者销售额一路下滑。高知分店的业绩在所有分店中排名倒数第一，后来还被朝日啤酒夺走了高知县市场占有率第一的宝座。

当时，总公司根据市场数据分析，下达了相关政策指令，分店只需执行这些政策指令即可，因此店内员工毫无危机感。每个月的指令包括完成 15～20 项工作，员工每天都在为完成工作而奔波，即便没有取得应有的成果，也没有时间去思考是哪里出了问题，因为一个个指令会接踵而来。分店店长也忙于向上级报告工作，没有时间指导下属。可以说，分店的反应能力已经退化到只会遵从总公司指令的地步。

田村润后来以副总裁兼营业部部长的身份回到了总公司。通过对公司内外两方面的观察，他意识到，总公司之所以不断发出指令，实际上是因为管理层和战略部门希望通过这一举措来获得一种安心感：战略部门只要附上数据，提出无人反对的新对策，会议就会圆满结束。管理层只要有了新对策，就对股东有了交代，便能够放下心来；而战略部门看到自己提出的对策在会议上通过，也能够放下心来。如果没有达到预期目标，那么一定是因为实际执行者没有按照指令贯彻执行，如此一来，责任便转嫁到了一线，而总公司就能回避责任。这正是分析型战略导致的"分析中毒""计划中毒"。

曾担任高知分店店长的田村润决心打破这种现状。他不停地思考，既然公司已经处在了悬崖之上，那么还有存在的价值吗？最终，他决定迈出一步，进行基于理念的分店改革。他提出了"让高知县人民都能开怀畅饮美味的麒麟啤酒"这一理念，描绘出"无论在何处都可以喝到麒麟啤酒"的蓝图，并实行具体策略来填补蓝图和现实之间的鸿沟。

具体策略是，让营销人员彻底践行基本的业务内容，即勤跑餐饮店、卖酒的店铺和量贩店，哪怕多跑一家也好。有的营销人员一个月光顾的店铺数量达到200家之多，这都是为了尽可能把握住与交易对象接触的机会。渐渐地，店主们也对这些并非单纯推销，而是怀揣着理念前来拜访的营销人员产生共感，交易量由此逐渐增加。最终，在改革的第四年，即2001年，麒麟啤酒重新夺回了县内市场占有率第一的宝座。

以前，这些营销人员只是一味地依靠惯性工作，但他们通过实践具体策略，逐渐与田村润提出的理念产生共感，重拾干劲，不停奔波，才取得了这些成果。在这段时期，高知分店对总公司发出的指令不是搁置处理，就是应付了事。不久，总公司也意识到，高知分店的做法不仅是为了提高分店收益，还包含着为高知县的消费者带来快乐的理念，这不是利己，而是利人。县内甚至有人共感于此，组建了啦啦队为高知分店助力。

之后，田村润在四国及东海地方①总部实行了同样的改革，也取得了成果。为了改变总部频繁开会的现状，田村润提议禁止开会，因而员工能跨越部门与部门、团队和团队之间的障碍，多多接触，自发创造机会，哪怕只是片刻闲谈也能够产生共感。田村润以公司副总裁的身份回归后，带领麒麟啤酒于 2009 年夺回了全日本市场占有率第一的宝座。

田村润实行的正是基于共感的管理，其策略是，让员工前往未知世界"旅行"，经过重重考验，达成目的，最终回归。这种传奇故事或英雄事迹，正是叙事型战略的精髓。

陷入 3 大疾病的日本企业应从"未知世界"中重新找回的，正是共感经营和叙事型战略。

---

① 四国是日本的行政区，包括德岛县、香川县、爱媛县和高知县。东海地方包括日本的爱知县、岐阜县、三重县和静冈县。——编者注

「物語り戦略」で
輝く現場

第 1 章

"相遇" 和 "共感"
是价值创造的起点

佛子园，社区共生模式的创新实践

社会福利机构佛子园主要从事收容智障人士（包括儿童）并帮助其就业的工作。本书以共感经营为主题，却在开篇提及社会福利机构的案例，是想告诉读者，人际关系的本质在于共感。

一个濒临破败的寺庙向佛子园发起重建委托，由此诞生了基于寺庙建造而成的福利社区。这是一个智障人士、阿尔茨海默病老年患者、当地居民和儿童共用的混居场所。在这里，各类人群之间开始产生"化学反应"，社区人口也不断增加，整体氛围变得更加有活力。这种现象发生的原动力就是人与人之间产生的共感。

动物行为学指出，与他人共感，是哺乳类动物自诞生以来在 2 亿多年的进化过程中发展出的一种本能。本节将用佛子园的案例来证明这一观点。此外，在神经科学领域也有研究结果表明，人脑中存在一种细胞，能唤起自己与他人的共感。由此可以再次确定，无论科技多么先进，人类生来就具备共感的能力。

因构想"终生活跃的社区"而备受瞩目

Share 金泽社区位于日本石川县金泽市郊外，于 2014 年正式运营，建筑占地面积约 3.6 万平方米，差不多是东京巨蛋球场占地面积的 3 倍。社区内约住有 90 人，社区建筑包括残障儿童收容所 3 栋、附带服务的老年人专用住宅 32 间、学生专用住宅 8 间。此外，社区还提供残障人士就业支持和老年人日间护理等服务。

另外，社区内还设有天然温泉、荞麦面店、咖啡吧、烹饪教室、泰式按摩店、儿童俱乐部和室内足球设施等，这在一般的福利社区内并不多见。当地许多居民也会出入其中，社区遛狗场里的羊驼牧场就很受欢迎。这一切都是由总部设置在紧邻白山市的社会福利机构佛子园负责运营。Share 金泽社区的负责人清水爱美说："在一般的社区中，身心残障的孩子们放学回来后，只有员工在等着他们；但是在这里，有老人，有学生，有来遛狗的居民，他们都愿意接纳孩子们，和孩子们聊天。孩子们也会开口表达想要帮助别人的想法，从而在与形形色色的人的接触中不断成长。"

近些年，一个名为"持续照料退休人员社区"（Continuing Care Retirement Community，CCRC）的概念备受瞩目。这个概念源于美国，指可以让退休人群开启"第二人生"的社区。为了促进地区创生，如今日本政府也在大力推进"终生活跃的社区"这一具有日本特色的 CCRC 构想。

在构想中，中老年人可以根据自己的期望移居到其他地区，和当地的居民交流，同时接受必要的医疗护理服务。Share 金泽社区作为先进模范备受好评，以时任首相为首，来此考察的官员络绎不绝。这都是因为佛子园提出的概念与既有的区域活性化概念有所不同。

"我们的目标是通过混居推动社区建设，"佛子园的理事长雄谷良成解释道，"所有人不论是否有身心障碍，不分年龄，都可以在这个混居场所中交流。如此一来，每个人都承担职责，发挥作用，变得更有生活热情，也能为所在地区注入活力。'人生 100 年'① 所追求的就是这种区域共生的社会。"

为什么不同人群混居能振奋人的精神，为所在地区带来活力呢？让我们一起来回溯佛子园迄今为止的发展历程。故事还要从雄谷良成自身的成长经历说起。

提高当地居民的"当事人意识"

雄谷良成的祖父是白山市行善寺的住持，第二次世界大战后开始收留战争遗孤和无家可归的智障儿童。1960 年，这位住持设立佛子园，运营智障儿童收容所。1961 年，雄谷良成出生，直到上小学为止，他一直与残障儿童同吃同睡，在混居的环境中成长。

---

① 2012 年，日本政府牵头成立"人生 100 年时代构想会议"机构，负责规划百年人生时代的战略发展道路，讨论什么样的经济和社会制度才能使每个年龄层的人都充满活力地生活与工作。——编者注

考入金泽大学教育学院后，雄谷良成学习了残障者心理课程，并在毕业后用一年半的时间参与了当地中学特殊教学班的建设。为了测试自己的能力，他加入了海外青年合作队，致力于在多米尼加共和国培养能为残障人士授课的教师。

就是在这里，雄谷良成学到了由海外青年合作队独创的项目周期管理（Project Cycle Management，PCM）方法。具体来说，它是指在队员结束任务回国之后，为确保在当地的项目不会停止而举行一系列活动，以当地居民为主体，培养当地居民的当事人意识。

雄谷良成关注的另一件事是人们的幸福感从何而来。他说："多米尼加经济贫困，也没有完整的社会保障体系，但是人民的幸福感却非常高。我想这是形形色色的人混居在一起互相帮助的缘故。比如，有个小孩上学经常迟到，是因为他每天要花 3 小时接送下肢残疾的朋友。多米尼加有人类生活的原始风貌。反观日本，即使物资充沛，当地社区内的人们也少有互动，人民的幸福感可能称不上高。"

回到日本后，为了了解社会结构、地区行政和经济的发展规律，雄谷良成加入过当地的报社，也参与过社会公益活动和区域振兴事业。1994 年，33 岁的他得知离开了福利机构的智障人员在就业单位受到歧视和虐待后，大为震惊，于是决心进入佛子园。"必须为残障人士创造一个可以安心工作、生活的环境。"怀揣着这一理想，雄谷良成陆续在县内开设了就业机构。

转折点出现在 21 世纪后，契机是当时小松市野田街道西园寺的施主拜托佛子园，重建濒临破败的寺庙。

雄谷良成说道："一开始，当地人会聚集在寺庙内解决各种纠纷。在江户时代（1603—1868 年），寺庙还会代替政府行使职权，同时负责儿童的教育，西园寺的库房一度是药店和放贷的地方。寺庙中的人做过各种各样的营生，如今我想让寺庙重获新生，再次成为人们集会、建立关系的场所。到时，残障人士也会来此居住，而我希望人们能够敞开心扉接纳他们。眼下大家还没有一种建设共生型社区的意识。"

混居环境引发的"化学反应"

为了重建寺庙，雄谷良成采用了项目周期管理方法。他开设工作坊，让居民担任主体角色，调查地区的问题，思考社区机构需要增加的功能。2008 年，当地复合型福利社区"三草二木西园寺"正式开放。"三草二木"是佛教用语，指的是佛祖的教诲像雨水均等降落在草木身上一样，能让任何人都有所领悟，无论这个人的资质与能力如何。

西园寺除了帮助残障人士就业和儿童发展，还增加了老年人日间护理、看护等服务。另外，这里开发了新的天然温泉，建造了洗浴设施，还有晚上会变成酒馆的咖啡吧和粗点心店，定期开放的贩卖蔬菜和手工艺品的集市，周末还会举办演唱会或音乐会。社区附近的居民也可以利用这些设施，参加这些活动。

这种混居环境引发了意想不到的"化学反应"。某一天，社区里一位患有阿尔茨海默病的老婆婆想让一位患有重度身心障碍的男士吃果冻。男士坐在轮椅上，头部几乎动弹不得，虽然刚开始吃得不顺利，但是经过 3 周的反复练习，男士头部可移动的幅度渐渐变大，最终吃到了果冻。此后，老婆婆深夜在外徘徊的次数也急剧减少，还经常念叨着"我不去的话，那孩子就会活不下去"。

对此，雄谷良成说道："理疗师在两年间只能让这位男士的头部可移动幅度改善到 15 度，但是患有阿尔茨海默病的老婆婆通过让他吃果冻，仅用 3 周时间就让移动幅度扩大到 30 度。即便没有福利服务或医疗专家参与，这两人在相遇后，仍找到了彼此的职责，重新找回了生存的动力。形形色色的人在混居中共生，通过人与人之间的联系产生了'化学反应'。这是一项重大发现。"

更让人惊讶的是，随着西园寺的日渐繁荣，街道内的人口开始增长。从佛子园开设时算起，11 年来，街道内家庭户数从 55 户增加到 76 户，人数增加了 40%。雄谷良成还说道："当我询问回乡以及从外地过来的人为什么要来这里时，他们说，在西园寺，不论是残障人士还是阿尔茨海默病患者，都能和当地居民和谐相处，这说明待在这里会让人觉得舒适。作为福利服务对象的残障人士和阿尔茨海默病患者成为主体角色，社会福祉转化为社区建造的核心。这一发现令人感动，也为我们的工作带来了转机。"

通过共感让幸福在人与人之间传播

Share 金泽社区就是在这个转机之后诞生的。在某医院旧址的宽阔场地上，雄谷良成及团队打算从零开始建造一个能让残障人士、老人、学生、孩子和当地居民混居共生的社区。但这个计划一度被地方政府叫停。

清水爱美说："我们原本计划在一栋建筑内建造两条主走廊，分别供残障人士和老人用。由于补助金的来源不同，所以我们直接去找厚生劳动省[①]谈判。当时，厚生劳动省提出目标，要'实现共生社区'，但最终只建成了一条公用走廊。这就是典型的垂直管理！"

但是，混居构想彻底打破了这种垂直管理制度。为什么混居能够引发"化学反应"，让人舒适自在呢？雄谷良成解释道："这种效果其实已经经过了科学验证。"

美国著名动物行为学家弗朗斯·德瓦尔（Frans de Waal）提出了一个理论。他说，就像打哈欠会传染一样，人类有能力将他人大脑的状态在自己的脑中重现。这表明，共感是人类与生俱来的能力。患有阿尔茨海默病的老婆婆和患有重度身心残障的男士之间产生的就是共感。

美国公共卫生学的权威学者尼古拉斯·克里斯塔基斯（Nicholas Christakis）做了一项关于幸福传播方式的研究。在方圆 1 英里（1.6 千米）之内，如果有人说自己"很幸福"，那么这种幸福感就会传递给 15% 的亲朋好友、10% 的点头之交、6% 的点头之交的友人。也就是说，一个人的幸福也会影响陌生人。这种联系产生的基础就是人类与生俱来的共感能力。如果一个地区隔离开残障人士、孤寡老人，这种幸福感就无法传播下去。而在混居社区，幸福会传播开来，不断延续。

---

① 厚生劳动省：日本负责医疗卫生和社会保障的主要部门。——编者注

混居的构想被纳入政府方针

在建设完 Share 金泽社区之后，佛子园的活动也在不断发展，继续努力在现有的城镇建造混居社区。

2016 年，"B's 行善寺"开业运营，这是一个比白山市的总部设施更先进的福利社区。社区配置完备，除了面向残障人士和老人开放的福利设施、天然温泉、荞麦面店，还有托儿所、诊所、鲜花店、咖啡馆、健身俱乐部等。此外，社区内还有 12 家面向智障人士的集体康复之家。

雄谷良成说："白山市的人口只有 11 万左右，但是每年会有 42 万人次前往 B's 行善寺，其中 2/3 都是当地居民。有一名青年曾经 7 年闭门不出，但自从他看见托儿所里不到两岁的小孩之后，就每天坚持来看望他们。还有个小孩，因为注意缺陷多动障碍（ADHD）退学了，但我每次讲解佛经的时候，他都会双手合十认真听讲，旁边有个一岁半的小孩也有样学样。后来两个小孩成为好朋友，也找到了能让自己静下心来的地方。混居模式每天都会在各种场景中发挥作用。"

2018 年，佛子园与轮岛市合作建设了"轮岛 KABULET"项目，灵活利用了市内的空屋和空地。

雄谷良成同时还担任由海外青年合作队的归国队员组成的海外青年合作协会（JOCA）会长。在轮岛 KABULET 项目中，有 11 名归国队员及其家属共计 33 人移居于轮岛市，并和当地居民一起负责策划和运营工作。

佛子园的这一模式，即由海外青年合作协会的归国队员移居到当地，支援地区创生工作，如今也正在鸟取县南部街道、广岛县安艺太田街道和长野县驹根市等地稳步推进。另外，雄谷良成提倡的打破垂直制度的混居社区构想也已被日本政府收录进《城市、居民与工作创生基本方针 2019》，该方针描绘了日本追求的未来愿景。

雄谷良成表示："'人生 100 年'这个规划虽然引人注目，但毕竟是一种以个人为中心的生存方式。在日本，闭门不出的人群中占比最大的还是 60 ～ 64 岁的男性群体，而他们不出门的最主要原因是退休。在混居社区，不管多'宅'的人，都有可能在和别人接触、交流的过程中重振精神。个人的人生规划固然重要，让每个人在区域共生的社会中都发挥作用也同样重要。这就是日本在面对少子化、老龄化和人口急剧减少等问题时的应对方法。这个方法领先于世界，有日本自身的特色。"

经营讲义

人际关系的本质在于共感

人类生来就具备共感的能力

根据定义，共感是一种共享他人的情感状态或行为意义的精神功能，其要点在于能够站在他人的立场，与他人共享当下。在知识创造理论中，共感指共享隐性知识。所谓隐性知识，是指难以用语言文字表达的主观知识。

　　本书的写作目的是，用具体的案例来说明共感在经营管理和商务场合中的重要性。我之所以在第一个案例中介绍社会福利机构的相关信息，是为了说明人际关系的本质在于共感。

　　雄谷良成在讲述混居效果的科学依据时，曾引用了弗朗斯·德瓦尔（Frans de Waal）的理论。德瓦尔是举世闻名的灵长类动物学家，曾被《时代周刊》杂志评选为"全球百大影响力人物之一"。

　　"现在，贪婪不受欢迎。世界迎来了共感的时代。"这是德瓦尔的著作《共情时代》（The Age of Empathy）中的开场白。针对打哈欠和笑容会传染的现象，他指出，"这种同步性的基础是一种将自己的身体映射（map）在他人的身体上，将他人行为转变为自身行为的能力"。他认为在这一过程中，是换位思考在发挥作用。

　　这种身体映射是一种与生俱来的能力，就像刚出生的小孩看到大人吐舌头，自己也会跟着吐舌头一样。这种能力在小孩长大成人之后也不会改变。德瓦尔在书中以时任英国首相托尼·布莱尔和美国总统乔治·布什为例进行了说明。布莱尔在自己的国家走路时模样正常；但是在美国，和好友布什并肩而行时，他就会和布什一样，胳膊随意下垂，昂首阔步，走出牛仔式步伐。

　　"人类会自动代入身边人的身体，将他们的动作和感情当作自己的东西，在脑中不断回忆并模仿。"德瓦尔将这种现象称为"具身认知"①。他提出了各种案例、实验结果、理论和学说，表明人类是"天生的共感生物"，共感是人类与生俱来的本能，会在不知不觉中发挥作用。此外，他还介绍了一种理论，即共感起

---

① 具身认知：心理学术语，简单来说就是指源于身体的运动、感知等活动的认知。——编者注

源于生物养育子女的过程。他是这样表述的："在哺乳类动物接近 2 亿年的进化过程中，相较于对后代冷淡且疏离的雌性，对自己的孩子比较敏感的雌性能留下更多的后代。感受性（母亲立即对孩子做出反应）无疑会承受巨大的进化压力，而无法承受这些压力的雌性将无法传递基因。"

人类漫长的演化历史中都有共感的身影。那么，共感能力又是从何而来呢？德瓦尔用神经科学中镜像神经元的运作机制解释了这个问题。

镜像神经元唤起共感

镜像神经元是指将他人的行为如镜子一样投射到自己身上的神经细胞。20 世纪 90 年代初期，贾科莫·里佐拉蒂（Giacomo Rizzolatti）的研究团队在意大利帕尔玛大学的神经生理学研究室中用猴子做了一场实验，发现了镜像神经元的存在。镜像神经元系统会将各种行为编码，通过模仿他人的身体行为，再参照自身体验，来推测他人的心理。单凭观看他人的行为，我们也能在脑内进行相应的模仿，并凭直觉理解行为的意义。

这个发现纯属偶然。当时有一位研究员在研究室里想伸手拿东西，而几乎就在同时，一阵巨大的运转声从电脑中传来。电脑当时一端连着电极，另一端连接猴子的脑袋，此时猴子正坐在椅子上，等待着下一项实验开始。尽管它只是乖乖地坐在椅子上，没有抓东西的意图，但是与"抓"这个行为相关的神经元却被激活，并被电脑捕捉到。

由此可知，猴子本身做出动作的时候（例如抓东西），或者猴子看见研究员做出动作的时候，它的神经元就会被激活。镜像神经元的发现表明，DNA 不仅为生物学带来了新知识，也为心理学带来了新发现。

随后，荷兰神经科学家克里斯蒂安·凯塞尔斯（Christian Keysers）等人证实，人脑中也有镜像神经元系统。在猴子的实验中，里佐拉蒂发现镜像神经元存在于掌管运动的大脑区域；而凯塞尔斯等人在实验中发现，镜像神经元同样存在于掌管情感和知觉的区域。

当一个人看到他人的动作，或者笑容、愤怒等表情，或者他人触碰某样东西时，会觉得自己仿佛也在做同样的动作，怀着同样的情感，触摸着同样的东西。此时大脑的运动系统、情感系统、知觉系统就会开始工作，使这个人察觉他人动作的意图，共享他人的情感状态，并尝试与他人共享这种知觉（见图 1-1）。

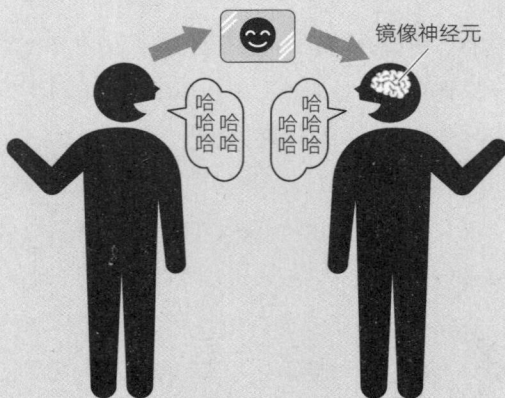

图 1-1　镜像神经元的作用

换言之，人类会以经历相同情况时活跃过的脑部区域来理解他人的动作、情感和知觉。这是一种超越了自身与他人的差异、主客一体的世界。凯塞尔斯将这个神经系统传导过程重新命名为"共享回路"（shared circuit）。

此外，凯塞尔斯等人通过实验证明，大脑中镜像神经元的活跃程度与心理学所谓的共感程度有关。也就是说，越是容易站在他人立场思考的人，大脑中共享回路的活跃度越高。

如此，"人类生来就是共感的生物"这一观点，通过神经科学得到了证实。如果说共感是人类的一种本能，那么在管理和商业领域，顺应本能自然会得到市场的回报。这一观点将在本书后文中进行解释。

共感会促生利他主义

在佛子园的案例中，患有阿尔茨海默病的老婆婆对患有重度身心障碍、不能自由移动身体的男士共感，于是采取了喂他吃果冻这一利他性的行动，甚至认为"我不去的话，那个孩子就会活不下去"。这个案例说明，共感会促生利他主义。在混居场所，居住舒适度高促进了区域人口的增长，这或许是由于人们感受到了其中的利他主义。那么，共感为什么会促生利他主义呢？我从两方面进行探讨。

原因 1：进化带来的利他行动。

德瓦尔注意到，当黑猩猩看见陷入困境的同伴时，会靠近并拥抱对方，给对方顺毛，仔细检查对方的伤口，或者做出其他旨在安慰对方的身体接触行为。另外，黑猩猩还会帮助行动不便的老年黑猩猩。研究所里用于实验的黑猩猩被放归自然后，野生的黑猩猩会给予它们生活上的帮助。这些都是猩猩会做出利他行动的铁证，且类似的证据不胜枚举。在此基础上，可以得到如下结论："在长期的进化过程中，自然淘汰法则会检验生物行动产生的结果，最终决定授予灵长类生物共感能力，确保它们在一定的环境中会保护同伴。"

对于人类的利他行动，人们存在这样一种疑问：向陷入困境的他人伸出援手，自己也会变得快乐，这是否说明这种援助是出于利己而产生的行为？对此，德瓦尔解释道："毫无疑问，我们在帮助别人的同时会收获快乐，但是这种快乐是通过他人而获得的，而且只有通过他人才会获得，这恰恰说明这一行为是真正地在为他人考虑。"

为什么人在产生共感后会采取利他行动？这是因为在生物进化过程中，产生利他主义的群体会因为取得了更多的成果而变得繁荣，反之则被淘汰。如果说这是进化法则，那么在企业管理中强调共感的重要性也会更有说服力。

原因 2：人并非固定不变的存在（"是"，being），而是变化的存在（"成为"，becoming）。

下文将从哲学的观点探究进化带来的共感所促生的利他行动。参考前文的案例，患有阿尔茨海默病的老婆婆在遇见患有重度身心障碍的男士后，采取了利他行动，从而有了一种使命感，认为"我不去的话，那个孩子就会活不下去"，因此她的病症也有所减轻。这其中是否存在某种联系？在这里要注意的是每个人的变化。

　　20 世纪前期,英国有一位与众不同的哲学家,名叫艾尔弗雷德·怀特海(Alfred Whitehead)。他认为世界是万物相互联系的过程,是不断变化的事件的连续体。世界万物若要"形成发展",就应该着眼于事件形成和消失的过程,而非实体本身。

　　怀特海强调应该重视"事件"而非"实体",同时认为人类不是什么"A 先生"的实体,而是一种"独特的经验"的综合体。在"此时此地"的状态下,一个人不断积累经验,综合起来就成为"A 先生"。这里的综合并非指万物的统合,而是指更高维度的统一。

　　经验是所有知识的源泉。诞生于经验的知识一定会和某一事物结合,并与人的显著成长存在关联。人类会在持续不断的行动中与他人产生联系,或和实体有所关联。人类在行动中也会不断积累经验、产生智慧,并与周围的智慧相结合,不断成长为"全新的自己"。而所谓"独特的经验",就是从对这一过程的不断重复中得出的。

　　支撑这个观点的关键在于,人不是静态的存在,而是一种动态的、持续变化的存在。比起固定存在的"是",更应该重视未完成的、面向未来不断形成的"成为",将人视为"过程(事件)"的综合体。在重视"是"的世界,人们在提到"某某患有阿尔茨海默病""某某是残障人士"时,会过分强调这两者既有的固定意义,因此很难缔结二者真实的联系。

　　反观重视"成为"的世界,个人会通过与他人缔结联系,不断形成新的自我。在混居社区中,人们能和形形色色的人相遇,这是一个真正的"成为"的世界。人们彼此共感，不断积累利他行动的经验，不断蜕变成全新的自我。从人类是"独特的经验"的综合体这一角度来看，可以说共感是一种极其自然的情况。

为什么人在产生共感后会采取利他行动？因为人会通过与他人缔结联系而不断形成全新的自我。这一点在商务领域中也是一样。接下来，本书将介绍 HILLTOP 的案例，说明人与人的相遇和共感如何让员工蜕变为分布式领导者。

「物語り戦略」で輝く現場

HILLTOP，高效与低效并存创造的竞争力

HILLTOP 是京都的一家铝切割加工公司，属于中小企业。介绍该公司经营方式的著作《迪士尼和 NASA 都盛赞的游戏式金属加工厂》一经发行，便接连占据了各大型书店商务类图书畅销榜首位。大众媒体争相报道该公司独特的企业经营模式，来自日本各地的考察团队也络绎不绝。

HILLTOP 曾经是一个油污遍地的城镇工厂，现在已经成功转型成绿色环保的无人"梦幻工厂"，员工穿着白衣在工厂里四处走动也不会沾染上污垢。工厂里的切割加工工作已经实现了机械自动化，员工则从事脑力工作。令人瞩目的是，这家公司有一套独特的员工培养系统，能将员工培养为产出

知识的人才。不过，公司并没有制订特别的培训方案，而是通过人与人之间的相遇和共感，形成了员工主动挑战新项目的企业文化。

这个案例将从最重视共感的知识创造理论，以及从哲学层面补全了知识创造理论的现象学角度来说明，以共感为起点会促进组织的运转，取得巨大的成果，促进创新。

"不想让员工做单纯的机械式工作"

在日本，乘坐近铁京都线从京都站出发约 25 分钟后，便能到达宇治市。出了车站，步行 1 千米左右，就能到达 HOLLTOP 总公司。这里有一栋 5 层高的办公楼，楼前有一个粉色的人造庞然大物，很是吸睛，让人根本想不到这是一家铝切割加工公司。办公楼内设有工厂。

从 2010 年开始，公司开始正式聘用应届毕业生。9 年来，该公司的员工数量从 60 人增加到了 151 人，增长了约 2.5 倍；销售额从不到 5 亿日元增加到了 23.3 亿日元，增长了近 5 倍；商务合作伙伴从约 400 家增加到了约 2 500 家，增长了约 6 倍，其中包括华特迪士尼、美国国家航空航天局（NASA）、全球最大的半导体设备制造商应用材料公司（Applied Materials）等知名公司和机构。HOLLTOP 公司的利润率为 20%～25%（业界平均水平为 3%～8%）。每天都有从日本各地来考察的人员，仅一年就有 2 000 人造访。

"我们公司的发展全靠人才的力量。"掌管经营工作的副总裁山本昌作说道。一楼的工厂里有好几台加工机器，却只有两三名操作员。HILLTOP 致力于打造"24 小时无人的梦幻加工厂"，加工机器按照程序设定自动制造出一件件产品。

　　HILLTOP 的特色是生产多个品种的单品，以一件商品为单位的订单占到了订单总数的 70%，且大部分是合作公司委托制造的试制品。因此，加工机器每次制造的东西都不一样，每次都要重新编程。这项工作由主力制造部门的程序设计师负责。上了二楼，就能看见年轻的员工都在电脑前工作，这一切让该公司宛如一家先进的 IT 企业。

　　程序设计师在白天用很短的时间完成编程，加工机器在晚上自动运转，因此从接单之日算起，最短只需 5 天就能交货，交货期缩短至原来的一半。这套系统被称为"HILLTOP 系统"。

　　"我们公司的销售额不取决于机器的功能，而取决于员工设计的程序数量。他们编程的速度飞快，因此能快速交货。这就是别人选择我们的原因。"副总裁的长子、身为经营战略部部长的山本勇辉这样说道。

　　HILLTOP 的竞争力在于负责编程的员工的生产积极性很高。新员工在进入公司两三周后，就能成为主力。进入公司半年的吉田夏菜目光炯炯地说道："进入公司后第三周，我第一次编写的程序就在加工机器上运行，并生产出了产品，这是我最开心的一刻。"

　　HILLTOP 系统诞生于山本昌作的一个期望，即自己不想做机械式工作，也不想让员工去做这样的工作。将新人变为主力的 HILLTOP 式人才培养系统，也贯彻了"不让员工做单纯的机械式工作"这一想法。那么，这个系统到底是如何运作的？

让机器自动加工，员工只负责编程

HILLTOP 系统发展至今经历了两个阶段。HILLTOP 的前身是山本昌作的父亲于 1961 年创立的金属加工厂。山本昌作的哥哥患有重病，因为药物副作用丧失了听力，父亲为了让长子生活有所保障，遂创立了这家公司，现在由山本昌作的哥哥担任总裁。山本昌作原本计划毕业后到某贸易公司上班，但母亲希望兄弟俩相互扶持，于是他在 1977 年加入公司。

当时，公司 80% 的订单来自汽车公司的分包商，为了完成大量的订单，员工每天都蓬头垢面。"我真是烦透了这些机械式工作，也不想强迫员工去做讨厌的事。让我们做一些人应该做的脑力工作吧。不能让人开心的工作没有任何意义。"负责经营的昌作逐渐产生了这样的想法，于是决定放弃分包商的业务，转向多品种的单品生产业务。结果，公司失去了 80% 的订单，连续 3 年在温饱线上徘徊。

"但是，即便是生产单品商品也存在问题。重复制做订单，就又成了机械式工作。我们需要一个截然不同的新概念。"昌作说道。

第一阶段是从这里开始的。昌作从电饭煲的微机控制和汉堡店依靠手册的运营中获得灵感，想出了一个独特的方法，即将切割加工工作完全交由机器自动完成，人只负责编程。因此，昌作及同事向公司的师傅们询问了加工的原理，将每一项作业标准化、定量化、数据化。

"当初，很多师傅都不愿透露自己的独家技术，但只要有一个人松了口，其他师傅就会跟着表达自己的想法，于是大家就在一起讨论。最后得到的数据，大家一致认为是最正确的，从而达成共识，决定以这些数据为基础进行自动化生产。"昌作说道。

以数据为基础，再利用电脑加以控制，加工机器就能运转起来。1991 年，HILLTOP 系统正式开始运行。程序设计师编写完新订单的程序后，就会将程序存到数据库中。如果是重复的订单，只需从数据库中提取相应的程序即可进行生产。程序设计师可以开发新的程序，不断提高技术。昌作将这称为"脑力工作的良性循环"。

另外，为改善员工的工作环境，HILLTOP 盖起了粉色外观的新办公楼，让满是油污的工厂摇身一变，让员工穿着白衣也能放心工作。

通过岗位流动学习多种技能

2008 年，全球金融危机发生后，公司迎来了发展的第二阶段。因订单量急剧减少，公司开始思考该如何成为未来的领头企业。

既然公司的销售额取决于程序的数量，那就提高程序设计的产能。公司在提出将程序设计的产能提高 3 倍的目标后，就开始着手寻求最佳方法，全力追求程序设计的高效率。

主导这一项目的经营战略部部长山本勇辉表示："原来编写一个程序需要 800 多个项目的参数，现在通过总结模式上的相同点，项目数量已减少到了 25 个。将编程过程精简压缩、提高效率后，花费在编程上的时间就缩减了 50%，员工可以自由利用剩余时间挑战新的项目，将经验知识活用在本职工作上，脑力工作的良性循环就可以持续进行。"

那么，HILLTOP 的员工是如何挑战新项目的呢？进入公司已有 7 年，不到 30 岁便被提拔为制造部副部长的官滨司说："要说我会去挑战什么，那就是检验现有的系统是否准确无误，尝试切割应用在航天事业等新领域的铝以外的金属，以及其他诸如此类的项目。新员工要想挑战新项目，除编程外，还必须具备多种技能，所以我们推行了岗位流动制度。"

制造部分为 8 个下属部门，除了编程，还涉及机器操作，特定产品所需的手动铣削加工、车床加工、抛光打磨等各种加工工作，以及表面处理和检查等。新员工最快在一周之内就能体验到所有部门的工作。

"每位师傅从最基础的工作内容开始，指导新员工模拟手工作业。尽管这要耗费一定的时间，但是新人可以学到各种知识。这就是挑战的意义。"官滨司说道。

通过"亲子"制度激发员工干劲

更特别的是，即便面对不是自己所属部门的工作，员工也可以自告奋勇进行挑战。"在我们公司，除了做好本职工作，兼做两三个其他工作也是很正常的。"冈谷祐美说道。她已经入职 3 年，负责山本勇辉手下所有和人事录用相关的业务。

"例如，我们公司没有人事部，管理方针是所有员工都参与到人事工作中，就连制造部的员工也要负责公司外部的招聘会和面试工作。所以，员工必须用自己的眼睛去观察、了解自己的公司，并用自己的话语表达对公司的认知。老员工在看到自己招募的员工进入公司后，也会产生一种责任意识。

这样做虽然没有专门的人事部进行管理的效率高，但是员工通过兼挑两三个工作，能打开视野，提高对工作的热情，并勇于挑战新事物。这也是一种脑力工作的良性循环。"冈谷祐美补充道。

制造部员工广目恭介进入公司半年后，就开始负责大学的校内招聘会。他表示："每年大约有 2 000 人前来公司参观考察，每一名员工都要负责讲解。一开始，我会站在他们身后倾听，学习他们的讲解方式，久而久之，我的干劲也被激发起来，于是我向公司申请负责校内招聘会。虽然我并不知道哪里有机会，但假如有 100 个机会，就要试着播下 100 颗种子，这样总会有收获。进入公司半年后，我意识到了挑战新项目的重要性。"

亲子制度为员工提供了一次"播种"的机会。在 HILLTOP，每名新员工身边都会有一个扮演父母角色的老员工，两个人每天会在工作结束前的10 分钟进行一次谈话，回顾当天的工作情况。新员工也可以当场表明自己想做的事情。

冈谷祐美说道："假如开口说出自己想做的事情，且能够得到认可，前辈就会让你去做，我就是个活生生的例子。在进入公司的第二年，我主动申请参加人事招聘工作，并得到了许可。现在，连人事录用相关的预算都由我负责做。"

编程迈向人工智能化，员工要思考新的商机

山本昌作曾说："我们公司不会枪打出头鸟。"现在，HILLTOP 正站在岔路口上，准备过渡到第三个发展阶段。

经营战略部部长山本勇辉说道："将程序高效化、最优化之后，只需在电脑屏幕上选择刀具，点触要切割的表面，就能编写出加工程序。这样一来，即便是新人也能很快上手，成为主力，实现快速交货的目标。不过，当工作流程实现最优化后，员工的工作就会变得简单化、机械化。而且，公司因为能快速交货而广受好评，所以订单不断增加，而为了应对这种情况，员工的所有时间就又被机械式工作占据，以致陷入了一种矛盾的状态。人类应该去做人性化的工作。因此，我们正在努力实现用人工智能来自动编程。从编程中解脱的员工，就有时间思考下一个时代的新商机了。或许再过不久，程序设计师就会从制造部消失了。"

所谓的新商机究竟是什么？制造部的官滨司就在考虑打造"切割加工界的 Cookpad"①。他说："全球有很多企业因为缺少程序设计师而导致机器无法运转。如果能接入我们公司的系统，就可以获得相当于'食谱'的数据，让机器自动运转，从而让全球的制造业活跃起来。"

据说，HILLTOP 正在设计一套机制，借用全球各企业夜间不工作的机器，通过数据的传送，让机器自动制造产品。

"这样一来，我们就有可能拥有更多的生产设备，比全球最大的电子制造服务公司鸿海精密工业的设备还要多。我们的员工在将来就应该思考这种商业模式。"山本勇辉说道。

---

① Cookpad 是一款应用程序，用户可以记录自己每天的食谱，并上传分享，与其他用户交流沟通。

即使时代不断变化，也要保持不变的准则

回顾 HILLTOP 的发展历程，我们发现，在第一个阶段，公司通过机器将师傅的技术自动化，让员工专注于程序设计；在第二个阶段，公司致力于提高编程的效率，压缩时间，让员工在自由时间尝试新的挑战。为了鼓励挑战，HILLTOP 特意采用了岗位流动和亲子制度等效率并不高的机制。而在第三个阶段，编程本身将实现人工智能自动化，员工的职责在于思考如何建立新的商业模式。

"不断顺应时代变化，是我们最大的强项。"山本勇辉说道。山本昌作也说："不将机械式工作强加给员工，让脑力工作的良性循环一直持续下去，这一想法永远不会改变。"正是因为拥有不变的基本准则，HILLTOP 的工作方式才能顺应时代变化，不断调整。

为什么 HILLTOP 可以一直保持不变的准则？年纪轻轻就担任人事招聘现场负责人，并一直关注着公司成长的冈谷祐美所说的一段话令人印象深刻："这家公司始于父母对孩子的爱，我感觉到这种精神一直在传承。HILLTOP 系统不是单纯为了赚钱，而是为了让员工在工作中成长，这一点大家都很明白。所以大家会给想要做事的人以支持，不会枪打出头鸟，而是让彼此成长。在招聘现场也是，尽管大家都有自己的工作，但还是会抽空互相帮忙。公司里的很多员工都会通过和他人一起工作找到一种动力。这是我认为最值得骄傲的地方。"

经营的原点是爱。在追求尖端技术的同时，结合员工的工作方式，就能看到经营原本的状态。

共感是知识创造的起点

SECI 模型，知识创造的基本原理

"经营的原点是爱"，员工的这句话完美诠释了 HILLTOP 的本质。所谓爱，就是与他人共感。这个案例中值得注意的是，HILLTOP 凭借各种独创性措施，让员工产生共感。而共感就是知识创造的起点。

因此，在解析 HILLTOP 的案例之前，本书将用一些篇幅讨论共感在知识创造理论中的意义，及其在从哲学层面补全知识创造理论的现象学方面又有何意义。

知识分为两类，一是个人主观的隐性知识，二是社会客观的显性知识。如前文所述，隐性知识是一种难以用语言文字表达的主观知识，是个人依据自身经验默默积累起来的。思想、信念和通过身体力行掌握的技能，都是典型的隐性知识。显性知识则是可以用语言文字明确说明的客观知识。

知识创造是人类最富有智慧的活动，它是一个隐性知识与显性知识相互作用、相互转换的螺旋式循环的过程（见图 1-2）。在这种螺旋式循环中，创造新知识的源泉在于隐性知识。知识创造是一个动态过程，个人的信念和思想会不断向真理靠近，在社会中获得正当地位。

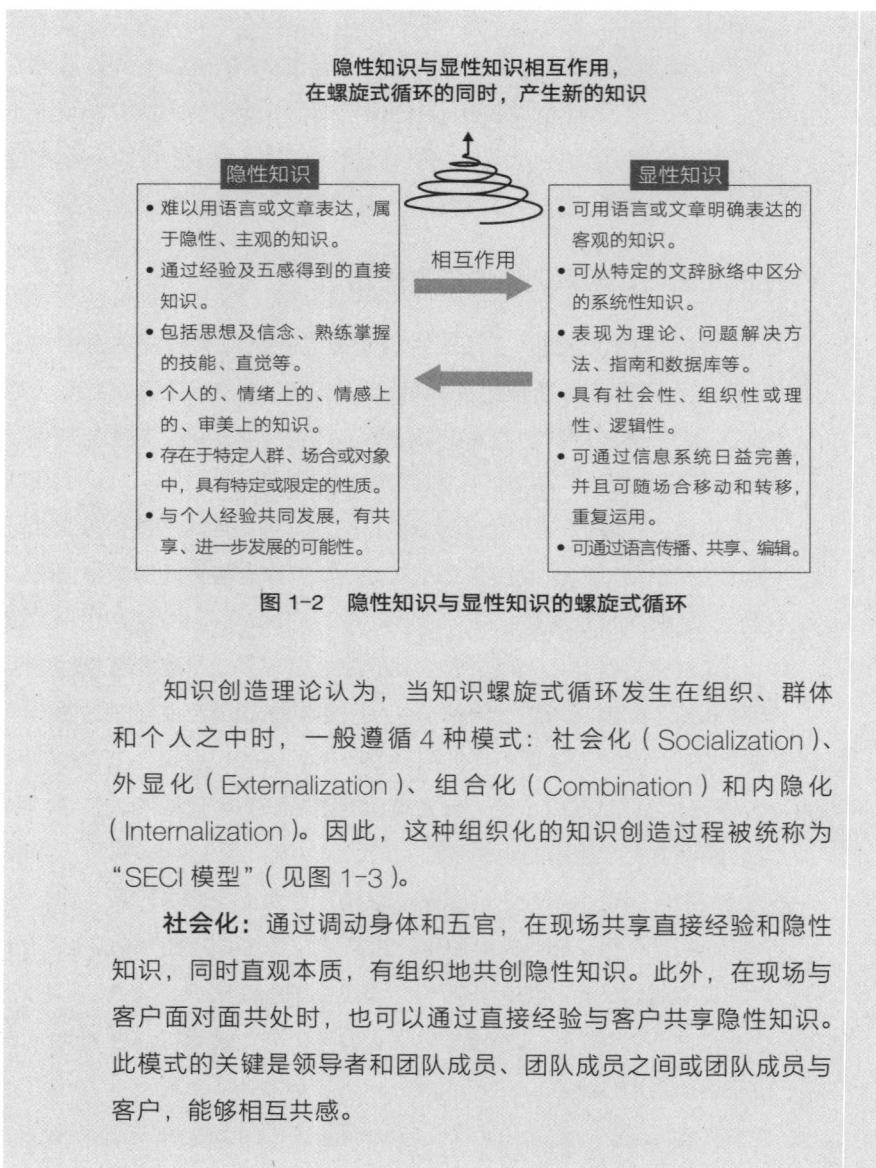

隐性知识与显性知识相互作用，在螺旋式循环的同时，产生新的知识

隐性知识
- 难以用语言或文章表达，属于隐性、主观的知识。
- 通过经验及五感得到的直接知识。
- 包括思想及信念、熟练掌握的技能、直觉等。
- 个人的、情绪上的、情感上的、审美上的知识。
- 存在于特定人群、场合或对象中，具有特定或限定的性质。
- 与个人经验共同发展，有共享、进一步发展的可能性。

相互作用

显性知识
- 可用语言或文章明确表达的客观的知识。
- 可从特定的文辞脉络中区分的系统性知识。
- 表现为理论、问题解决方法、指南和数据库等。
- 具有社会性、组织性或理性、逻辑性。
- 可通过信息系统日益完善，并且可随场合移动和转移，重复运用。
- 可通过语言传播、共享、编辑。

图 1-2　隐性知识与显性知识的螺旋式循环

　　知识创造理论认为，当知识螺旋式循环发生在组织、群体和个人之中时，一般遵循 4 种模式：社会化（Socialization）、外显化（Externalization）、组合化（Combination）和内隐化（Internalization）。因此，这种组织化的知识创造过程被统称为"SECI 模型"（见图 1-3）。

　　社会化：通过调动身体和五官，在现场共享直接经验和隐性知识，同时直观本质，有组织地共创隐性知识。此外，在现场与客户面对面共处时，也可以通过直接经验与客户共享隐性知识。此模式的关键是领导者和团队成员、团队成员之间或团队成员与客户，能够相互共感。

外显化： 将隐性知识转化为语言，通过创造概念使其转化为显性知识；通过对话或者辩论，同时运用隐喻、类比等修辞手法，从社会化后直观到的本质中推导出假设。

组合化： 将转化过来的显性知识与组织内外的其他显性知识相联系，并形成系统，创造新的显性知识；将外显化推导出的假设或概念与其他相关知识相联系，并加以编辑，形成叙事结构，再建立理论模型。

内隐化： 通过实践和行动，让所有成员吸收这种系统化、叙事结构化、理论模型化的显性知识，转化为他们自己的新的隐性知识。换言之，就是再把显性知识转化为隐性知识。

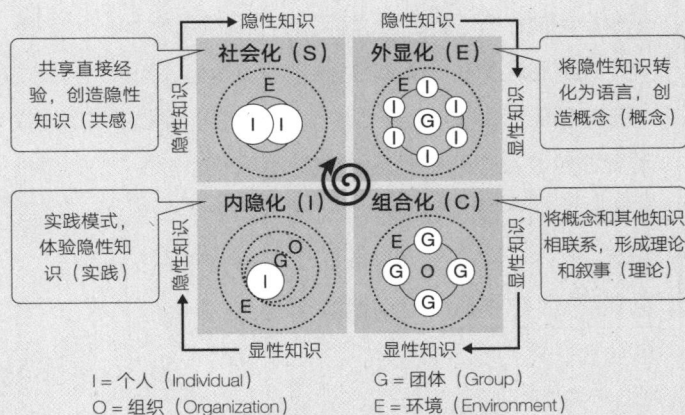

图 1-3 SECI 模型：知识创造的基本原理

实际上，4 种模式可能会同时运行，有些模式可能会反复运行。不论是哪一种情况，通过这一连串的过程，知识就会体现为新的价值。同时，知识在个人、团体和组织中不断循环，变得更丰富。这就是组织化知识创造的基本原理。

值得注意的是，创造新知识的起点是社会化中的共感。换言之，如果彼此没有产生共感，知识就不会诞生。

SECI 模型在 20 世纪 80 年代被称为"日本第一"。那是日本企业最辉煌的年代，野中郁次郎与研究伙伴一起研究制造商的新产品开发案例，直接接触每天奋斗在工作一线的人们，在这一过程中推导出了这套模型。当初的日本企业朝气蓬勃，人们能够在隐性知识的基础上互相共感，创造出新的知识。

现在，我们提倡共感在经营管理上的重要性，是因为日本企业正陷入过度分析、过度计划、过度遵守规则 3 大疾病，依赖基于分析的显性知识的经营大都引发了危机。

或许是因为提出了 SECI 模型，日本企业理所当然地推行了共感经营。只不过，当时野中郁次郎将外显化放在了比社会化更重要的位置上。而他重新认识到共感在社会化中的重要性，是在和现象学这一概念相遇之后。

共感的 3 个阶段

远在神经科学领域发现镜像神经元之前，属于哲学流派的现象学就已经开始强调共感对人类的重要性。了解现象学中共感的概念，能极大地帮助我们认识清楚共感是如何植根于人性本质的。

例如，致力于发展现象学的法国哲学家莫里斯·梅洛–庞蒂

（Maurice Merleau-Ponty）曾提出肉身间性（intercorporeality）的概念，并基于此指出，当一个人全身心地觉知他人时，他的身体就会先于精神和意识产生共振、共鸣和共感，这对人类来说有重要意义。

假设一个人的右手正在触摸左手，那么右手是触摸的一方，左手是被触摸的一方，但是过了一会儿，被触摸的左手会出现一种正在触摸右手的感觉，两个角色便交替、反转。

这种可逆的"双重感觉"在"我"和"你"之间同样成立。"我"可以从"你"的身体中找到以"我"的方式存在着的"你"。换言之，"你"就是"我"，"我"就是"你"。这就是肉身间性，也就是肉身上的共享。

一个人可以在身体层面和他人共享时间、空间，与他人互相接触，从而站在对方的立场，将对方的经验变为自己的，还能够超越差异，创造更大的共感。

首先，被称为现象学之父的德国哲学家埃德蒙德·胡塞尔（Edmund Husserl），对巨大的共感的产生过程进行了解释。野中郁次郎便是通过日本研究现象学的最高权威、东洋大学名誉教授山口一郎接触到胡塞尔的思想，从而重新认识到共感的重要性的。

关于人与人之间的共感，胡塞尔提出了"主体间性"（intersubjectivity）的概念，其经由 3 个阶段形成。

在被动综合阶段，人与人之间的关系就像母亲与婴幼儿的关系一样，在主客未分的、无意识的状态中共感。人类通过与生俱来的、本能的共感能力，在不知不觉中成为对方，站在对方的立场，进入对方的文脉。这是一种"感性综合"的表现。

日本的山手线新大久保站曾发生过一起惨痛的事故。一名男子从站台跌入轨道，一名韩国留学生和一名日本摄影师即便看到电车即将进站，却还是想要救人，于是立刻跳下了轨道，最终 3 人都不幸去世。这两人会采取救援行动，或许是因为在无意识间彻底成为那名男子，由此可以推测这是被动综合的表现。

有意思的是，将主体间性的第一阶段比作母子关系，与神经科学从养育后代中寻找共感的起源这一见解是吻合的。

在主动综合阶段，基于自我主张和自我意识的有意识的思考开始产生，主客未分的状态变成主体与客体相分离的状态。结果，自身利益与对方利益有时互补，有时冲突。这是一种"理性综合"的表现。

主体间性经过第二阶段，在更高的维度再次变成主客未分的状态，在无心无我的境界中与对方建立主体间性，由此，超越"我的主观"的"我们的主观"得以诞生。这是一种"感性与理性的综合"，无心无我就是超越自身的条条框框，并在互相超越个体存在的过程中推导出"我们的主观"。

其次，受到胡塞尔影响的奥地利宗教哲学家马丁·布伯（Martin Buber）提倡"对话哲学"，提出用"我一你"和"我一它"的概念来解释这 3 个阶段（见图 1-4）。

他认为，当一个人与他人产生联系时，会采取"我一你"和"我一它"两种态度中的一种。

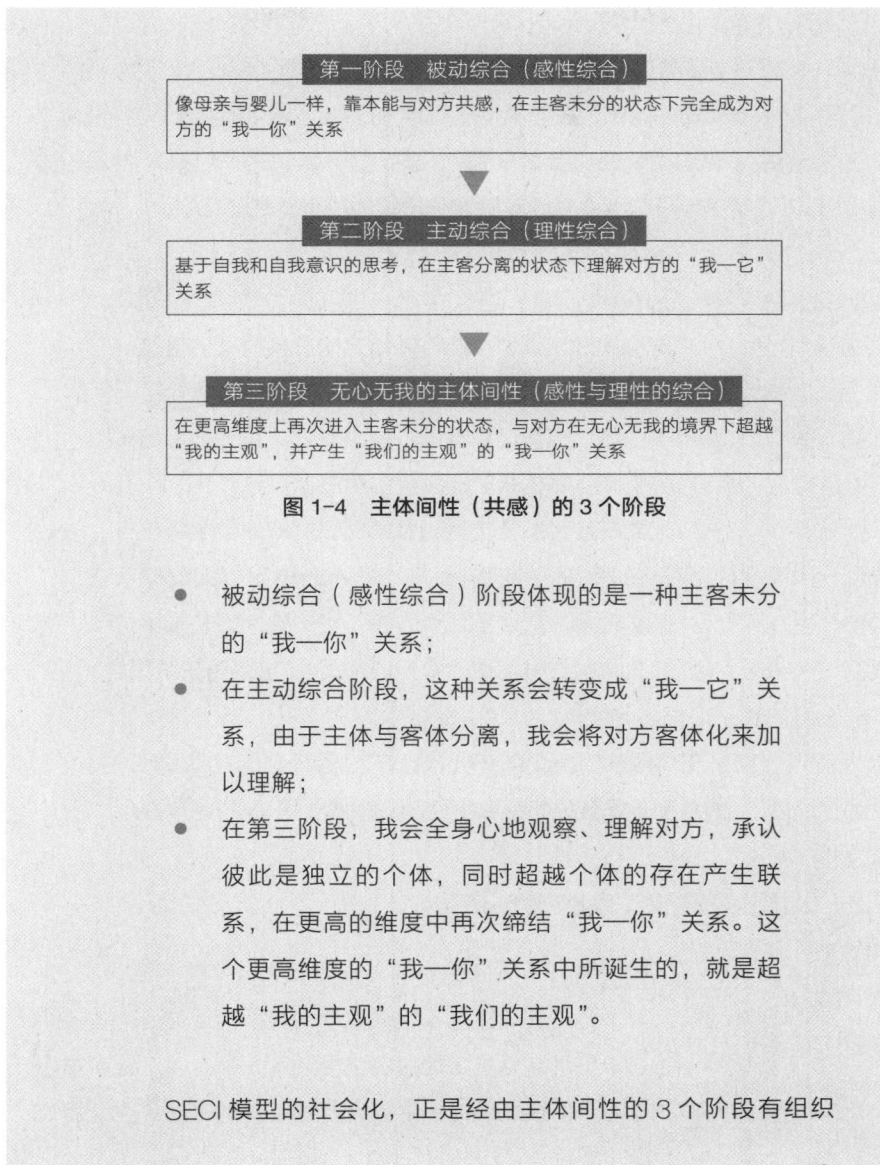

图 1-4　主体间性（共感）的 3 个阶段

- 被动综合（感性综合）阶段体现的是一种主客未分
  的"我—你"关系；

- 在主动综合阶段，这种关系会转变成"我—它"关
  系，由于主体与客体分离，我会将对方客体化来加
  以理解；

- 在第三阶段，我会全身心地观察、理解对方，承认
  彼此是独立的个体，同时超越个体的存在产生联
  系，在更高的维度中再次缔结"我—你"关系。这
  个更高维度的"我—你"关系中所诞生的，就是超
  越"我的主观"的"我们的主观"。

SECI 模型的社会化，正是经由主体间性的 3 个阶段有组织

地共创隐性知识，产出"我们的主观"的过程。

胡塞尔提出的主体间性的 3 个阶段与发展心理学的见解相吻合，即人类意识的形成从婴幼儿时期算起有 3 个阶段。（发展心理学主要研究人类随着年龄增长出现的心理发展变化。）

- 最初，人类的 DNA 中存在主客未分的"我—你"肉身间性，就像母亲与婴幼儿的关系一样，这是一种无意识的状态。
- 不久后，随着自我逐渐发展，通过"我—它"的关系将对方客体化，从分析的角度加以理解。
- 人类在自我发展之后，会再度在更高的维度将自身从自我中心中解放出来，进入一种无心无我的状态，去接触、了解他人，在"我—你"的关系中建立主体间性，创造"我们的主观"。这是第三阶段。

从主体间性的角度来分析 HILLTOP 的经营，就会发现"我—你"关系存在于各种场合。下面我们来看一些具体的例子。

相遇和配对，为共感创造条件

HILLTOP 鼓励员工挑战新事物，进行脑力工作的良性循环，并非闭门造车，而是创造了员工相遇的很多场所。无论是岗位流动制度，还是新员工与老员工配对的亲子制度，都是为了让新员工掌握多种技能，而在这个过程中会有各种各样的相遇。在公司外部，由员工负责的现场招聘会和面试，也是相遇的场所。

布伯认为，相遇是指"从自我中心中解放的自己与他人合二为一，产生无心无我的态度"。

共感（主体间性）始于人与人之间的相遇。值得注意的是，在 HILLTOP 各种相遇的场合，都产生了"我—你"关系。亲子制度是一种"我—你"关系，老员工在自己招募的员工进入公司后，会形成一种责任意识，这也会产生"我—你"关系，他人将成为不可取代的"你"（见图 1-5）。

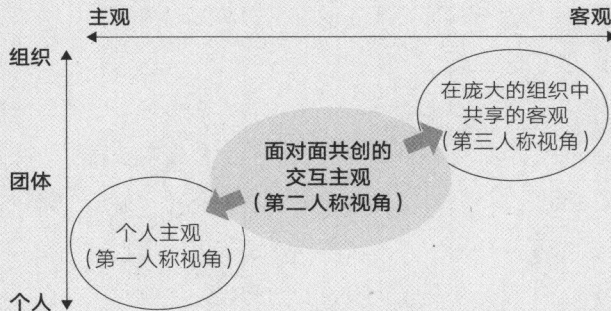

一开始通过面对面产生第二人称视角的交互主观，从中会产生认识自我的第一人称视角的个人主观，并构建组织或社会层面共享的第三人称视角的客观（如概念等）。

© Nonaka.I.

图 1-5　连接个人与组织的第二人称视角的交互主观

一个人会将从相遇中获得的经验吸收、转化为自身的隐性知识。隐性知识会在与他人共感的过程中，通过对话转化成显性知识。例如，在亲子制度中，当新员工表明这份工作是自己想做的事后，就会迈向新的挑战。这正是知识创造最原始的方式。

人类原本就是知识的结晶，新的知识在人与人不断相遇的过程中产生。 脑力工作的良性循环就是知识创造的过程，它因为有了相遇和共感作为基础，才得以持续运转。这就是HILLTOP的经营特点。

"我一你"关系通常是从"配对"中诞生的。 亲子制度和面试可以说就是一种配对，新员工通过岗位流动向师傅学习技能也是一种配对。当人与人面对面接触并实现配对后，不知不觉中就会产生主客未分的"我一你"关系的肉身间性，接着通过对话或辩论，从"我一它"关系变成更高层次的"我一你"关系，最终得出"我们的主观"。

即使是3人以上的场合，面对面谈话和辩论也会促成配对关系。HILLTOP员工举办的企业招聘会大都面向应届生，假如该公司自始至终都将对方客体化，形成"我一它"关系，就只会形成单向的联系。并且，作为对象的"它"可以随时被替换成其他东西。HILLTOP让新员工负责企业招聘会，让他们用自己的眼睛观察自己的公司，并用自己的话语表达，这有利于员工与应聘者对话，为他们创造相遇、配对的机会，形成共感，缔结"我一你"关系，提升知识创造力。

近年来，三丽鸥彩虹乐园的业绩实现"V字形"反弹，成为热门话题，这也算是通过接触激发组织活力的一个案例。该乐园在2014年的总来访人数有126万，而到了2018年，年度总来访人数迅速增长到了219万，增幅超70%。经营乐园的三丽鸥娱乐公司总裁小卷亚矢，以园长身份主导了乐园复兴活动，被

《日经女性》杂志评选为"2020 年度女性"。

2014 年，小卷亚矢前往三丽鸥彩虹乐园赴任，在负责重建工作时，她发现员工间的氛围沉闷，大家没有干劲。她意识到，员工之间缺乏合作与交流，于是便开始全力为员工创造相遇交流的场所。

其中最具代表性的例子就是"对话活动"。小卷亚矢要求闭园后，员工不分部门和职位，都在园内的餐厅集合，一一配对，并面对面坐在椅子上。配对的二人先是进行自我介绍，再花两三分钟的时间讨论一些不分性别和年龄的轻松话题，如"喜欢乐园的什么地方""喜欢的食物"等。接着大家交换位置，再次一一配对，在 90 分钟内尽可能多地和其他人对话。规则只有两个："要用对方容易理解的方式表达""不去否定对方的话"，谈话内容不设限。举办该活动的目的是让员工之间建立一种关系，让他们下次再遇到的时候能够轻松聊天。

除此之外，小卷亚矢还努力创造了多种相遇、互相了解的场合。例如：组建工作坊，让员工分成 10 人左右的小组，和自己讨论；根据园内工作人员的轮班情况，一天举行 9 次"热身早会"；贯彻向兼职员工问候的优良行动；等等。

工作内容层面的更新，是公司业绩实现"V 字形"反弹的直接原因，例如将主要目标客户从儿童转变为成年女性，为她们量身打造音乐秀等。员工陆续提出新企划与小卷亚矢苦心打造相遇的场合，两者是有联系的。

在相遇中产生的共感，以某种形式成为业绩"V 字形"反弹的催化剂，这不禁让人想起萨提亚·纳德拉在微软推行的企业文化改革和其后实现的"V字形"反弹。

新知识在第二人称视角中萌芽

现在让我们试着转换角度。"我—你"关系的配对，属于第二人称视角，而只要看一看HILLTOP经营方式的进化过程，就会发现其正是基于第二人称视角的构思得出的。

以HILLTOP系统的构建为例进行说明。首先，这个构想源于副总裁山本昌作"不想把不愉快的工作强加给员工"的理念。他在"我—你"关系的第二人称视角中，站在每位员工的角度加以共感，从而拥有了"我们的主观"，进而产生了这一构想。

通过对话和辩论，就连当初闭口不谈、持观望态度的师傅，也将自己和公司的关系从"我—它"关系转变成"我—你"关系，最终达成"我们的主观"。这说明，作为实体的个人虽然和他人有所差异，但是在经验和行为的"事的领域"中，如果能创造"我们的主观"，经营者就能和员工一心同体。于是，山本昌作具备了第一人称视角的个人主观，即"想做人性化的脑力劳动"。

人一般是先拥有第一人称视角的个人主观想法，再在此基础上进行判断，采取行动。当然，第一人称视角是个人判断和行动的起点。与此相反，在组织中，人如果想要采取行动，首先会产生第二人称视角上的联系，进而推导出第一人称视角的个人主观。换言之，首先是与他人共感，然后触发自己的隐性知识，最后产生个人主观。

不过，仅凭这样，组织并不能运转。要想通过第二人称视角与他人共感，产生"我们的主观"，进而通过第一人称视角拥有诸如"我想这样做""想要成为这样的人"的个人主观，在此基础上实现组织运转，就必须在第三人称视角中确立客观的概念和假设。这就是 SECI 模型中的外显化。

以 HILLTOP 为例，公司因为确立了"切割加工的日常作业交由机器自动执行，人负责编程""全天加工的无人梦幻工厂"的共享概念，才会选择构建 HILLTOP 系统。

原本为了确保员工有自由支配的时间才将编程最优化，结果订单增加，员工疲于完成订单，将所有时间都耗费在了机械式的工作上，反而陷入了一种矛盾的境地。从这一事件中，我们同样可以看到外显化的存在。

首先，经营战略部部长山本勇辉以第二人称视角站在员工的立场，与他们共感；其次，他产生了"要做人性化的工作"的第一人称视角的想法；最后，他提出"让人工智能实现自动编程"的第三人称视角的客观概念，改进了公司的运营。

在领导和员工以及各员工之间，最基本的人际关系就是配对，新知识会在第二人称视角的领域中萌芽。在此基础上产生第一人称视角的想法，接着确立第三人称视角的概念，使得组织运转起来。相较之下，过度分析、过度计划、过度遵守规则，会让人处于一种旁观者的角度，组织就会停滞不前。

新知识诞生于人与人的接触，要怎样在组织内外创造各种相遇和配对的场合，弘扬任何人都能以第二人称视角思考的组织风气呢？每年会有 2 000 多人前往 HILLTOP 考察，就因为它是一个绝佳的参考案例。

企业要重视主体间性

很多大型企业都采取了各种对策，将能孕育出主体间性的场合融入组织中。下文将介绍几个有代表性的案例。

卫材与患者共处 1% 的工作时间

卫材制药公司（Eisai）是日本最先将知识创造理论应用于经营的企业，最为重视社会化。卫材的企业理念是："明确认识到医疗保健的主角是患者及其家属和共同生活者，通过为他们创造更多利益来发展业务。"简言之，就是关心人类健康。

卫材认为："要让员工陪伴在患者身旁，从患者的角度来思考问题，感受那些无法言喻的想法，这很重要。"因此，它要求全球各公司的所有员工用 1% 的工作时间（每年 2.5 日）与患者相处，以获得共同的体验。

员工参加老人看护机构举办的看护实习，和阿尔茨海默病患者接触，在看护的过程中共享肉身间性，进入第二人称视角下的主体间性的领域，直接感受老人的喜怒哀乐，在自身与患者之间建立"我们的主观"。员工通过这种直接经验，就会认清"想成为什么人"和"想做什么"等第一人称视角下的想法，再从第三人称视角将其概念化，并运用到药物研制上，践行关心人类健康的理念。

京瓷联欢会

京瓷举办的京瓷联欢会也是为了让员工形成主体间性。京瓷创始人稻盛和夫创立了稻盛经营哲学，为了能从多种学术角度对此进行研究、推广，并将其应用到全球事业上，立命馆大学专门设立了"稻盛和夫经营哲学研究中心"。野中郁次郎在该机构担任顾问，因而有幸实地参加过联欢会。

只要有机会，员工在各个工作场所都可以一边喝酒一边充分交换意见，这就是京瓷联欢会。在一个大房间内，上司和下属平起平坐，每个团队成员肩靠肩，围着一个火锅坐在一起。他们会设定主题，从工作方式到生活方式，彼此真心交谈。最后，各团队的队长会进行归纳总结。

稻盛和夫在经营京瓷的过程中会时刻将学到的东西进行总结归纳，最终提出了"京瓷哲学"。这是一种独树一帜的哲学，其核心概念是利他之心。在联欢会上，最终也会以京瓷哲学来结束讨论。

有趣的是，京瓷认为独饮是利己主义的象征，因而严格禁止这一行为，所有人都必须贯彻利他原则，全心全意为他人倒酒。在觥筹交错、开怀畅谈的过程中，主体间性得以形成，并且在京瓷哲学的指导下，"我—你"关系下的"我们的主观"也得以形成。

京瓷在日常业务中实行名为"阿米巴经营"的分部门核算管理模式。这个模式的特征是，整个组织根据功能划分成名为"阿米巴"的小团体，分别按照流程顺序进行公司内部交易。一个阿米巴以内部价格从上一个流程的阿米巴购买东西，加上经费和利润后，再以内部价格卖给下一个流程的阿米巴。从销售额中扣除经费后余下的钱，就是这个阿米巴创造的附加价值，再除以相应的总劳动时间，就能得出其一小时内创造的附加价值。阿米巴可以此为衡量业绩的指标。

如果一个阿米巴想要向上一个流程的阿米巴低价买进，向下一个流程的阿米巴高价卖出，那么阿米巴之间就会产生利益冲突。这时，这个阿米巴的领导就要与其他领导在第二人称视角中，基于"利他之心"找回"我们的主观"。他们都要厘清"自己想做什么"的第一人称主观，再从第三人称视角，想出能兼顾不同阿米巴利益的方法，从而让这一系统持续运转。

稻盛和夫在担任日本航空公司（JAL）董事长时成功让公司"起死回生"，也是以共感为原动力。稻盛和夫主张，在考虑得失之前，经营企业首先应该"判断对一个人来说什么是正确的"，"珍视利他之心"。就连当初在领导教育培训中反驳稻盛理念的人，也在培训后的酒会上敞开心扉畅谈，并逐渐产生了共感。

此外，一线员工也对亲自前往机场与自己谈话的稻盛和夫产生了共感。如此一来，稻盛和夫与干部、员工之间就形成了"我们的主观"，所有人都厘清了"自己想成为什么"的第一人称主观。从管理层到一线员工，每个人都可以发挥自己的创意来缩减成本，这种全员经营模式加速了日本航空公司的重生。

本田公司的谈心会

本田在研发新车时由开发人员举办谈心会，也是通过共享肉身间性形成主体间性的典型。这项活动又叫作"深山修行"，按照传统，团队成员会离开公司去山中集训三天三夜，走出日常的工作环境，开怀畅谈。

第一天，团队成员会在不知不觉中共感。当讨论开始后，大家的观点就开始相互碰撞，每个人会调动自己所有的知识来交换意见。如果要彻底讨论下去，气氛就会变得紧张，但因为是集训，大家无处可逃，所以显性知识很快就会被用尽。

第二天，隐性知识就会浮现，成员开始全面观察、了解他人，接受他人的存在，并了解彼此的想法。

第三天，成员们因为此前共享了两天两夜的时间和空间，所以通过身体的共振、共鸣、共感，便能厘清"我们想要制造什么样的汽车"的"我们的主观"。然后，领导者也会打破自我桎梏，开启建设性思考，明确"我想用自己开发的汽车实现什么目标"的第一人称主观，再从第三人称视角产生概念的飞跃，实现创新。

本田著名的创新案例，就是本田喷气式飞机。将喷射发动机安装在机翼上这一创新，让该机型在速度上达到了同类产品中的最高水准，并实现了油耗性能、静音性以及舱内容量上的革新。

项目负责人藤野道格说，他虽然没有参加谈心会，但是在日常工作中出现矛盾时，他都会以整体角度去和专家一对一交流，认真辩论及讨论。通过配对在"我—你"关系的境界中寻找解决对策，这也称得上是配对基础上的谈心会。

7-11 的商品管理团队

7-11 自主开发独家商品，以及 Seven & I 集团创建自有品牌

SEVEN PREMIUM，都是由商品管理团队（Team Merchandising，Team MD）实现的。团队由商品开发负责人和制造商负责人组成，两方人员地位平等。这种方式源于 7-11 创始人铃木敏文的构想。当时，他作为 Seven & I 集团董事长兼 CEO（现为名誉顾问），为了让各门店售卖便当和饭团，前去拜访了一家当时并不知名的制造商。

刚开始，铃木敏文在委托对方生产商品时，遭到了拒绝。原来，这家制造商曾一直与一家大型企业签约交易，甚至为此建造了工厂，但是大型企业只说了一句"以后我们要自己制造商品"，就单方面终止了交易。所以制造商表示"再也不想被大企业任意支使"。

因此，铃木敏文提出，双方不建立交易关系，而是建立搭档关系，并将"为客户提供有价值的商品"当作共同目标，一起工作，从而组建了商业管理团队。

这是胜见明以前报道过的一个案例。当时统率 7-11 商品总部的石桥诚一（兼任 Seven & I 控股公司常务执行董事、商品策略总部部长）在负责食品开发时，和日清食品技术专家组队，开发出日本第一个重现了知名拉面店味道的商品，并使之畅销一时。

这是日清第一次和便利店合作，对日清的负责人来说，重现名店的味道是其多年以来的梦想。当时，石桥表示："商品必须让人觉得这是日清才能做出来的味道，只有日清的技术才能做到。"日清负责人有感于此，决定开始研发。

在筛选名店时，第一轮的候选者是在札幌颇具知名度的味噌拉面店。当年新横滨拉面博物馆开张之前,馆长在 3 年里亲自跑到这家店 50 多次,但对方仍拒绝开设分店,直到博物馆开张 3 个月前,对方才终于点头答应。

如果在委托时没有付出足够的努力,就会落得吃闭门羹的下场。在找经营者提案之前,为了制作出自己有信心带去的样品,争取对方的认可,石桥和技术专家跑了无数次拉面博物馆和札幌总店,用自己的舌头确认味道后,再反复制作试吃品。

在店里一起吃面时,石桥会问:"这是什么的味道?"试吃时,石桥又会问"这里要不要这样做""怎样才能做出那种味道呢",如此这般,不断促进试吃品的改良。石桥的那份热情和高要求也激发了技术专家的斗志,"竟然有人能做到这个地步",石桥感慨道。3 个月后,经过无数次的试验,"看起来最完美的试吃品"终于完成。

两人下定决心,"一定要让拉面经营者们点头认可","假如不被认可就不售卖"。在拉面博物馆地下一层的店铺里,尝过试吃品的经营者们都喜笑颜开,认为商品化是可行的。他们感慨道:"杯面竟然能做到这种程度!虽然和店里的不一样,但是也别有一番风味。"

这是札幌的总店第一次向日清的工作人员请教汤汁的做法。该产品一经发售,就在市场上大火,以至于产量一度赶不上销量。提到成功的最大因素,石桥是这么解释的:"我们一起吃面,一起思考,说出我方该说的话,再认真倾听对方的话,产生团队共同打造商品的意识,如此才得以实现目标。"

商品开发负责人和制造商负责人通过肉身间性的共享彼此共

感，同时与客户共振、共鸣、共感，在过程中提出假设，推动了商品化进程。在 7-11 的独家商品和 SEVEN PREMIUM 的商品化团队开发过程中，还有很多类似的案例。

据说，7-11 所有门店的平均日销售额要比其他连锁店高出 20% 以上，主要原因就在于 7-11 的商品开发能力。此外，SEVEN PREMIUM 的 2018 年销售总额约为 1.4 万亿日元，几乎是其他自有品牌商品的 2 倍。

通过影像也能共感

接下来，本书会用一则案例说明，追求理想形态的制造商，是如何通过强烈的共感产生强大的商品化能力，并将其转化为业绩的。

无论是佛子园还是 HILLTOP 的案例，都表明了人与人在直接接触的场合，通过肉身间性的共享，展现了共感的重要性。最近，使用视频通话的远程办公，以及远程视频会议也普及开来，本章最后将验证即使通过数字影像，也能获得与在共享肉身间性时一样的共感。

ClipLine 公司的案例就为此提供了一个例证。这家公司通过为开设多家分店的服务类企业提供全新的视频指导系统而备受瞩目，通过该系统进行员工教育，能大大降低企业离职率。以下是采访概要。

该公司开发的 ClipLine 系统位于云端，线下门店的员工可以和公司总部进行双向交流。店员在门店从平板电脑端登录后，可以观看名为"Clip"的指导视频。除观看之外,还可以用智能手机自拍或请同事帮忙拍摄自己的动作,再将其上传,从而可以在平板电脑上比较范例和自己的动作,发现差异和需要改进的地方。

另外,店员还可以将自己的视频作为报告提交给总部,即便与总部相隔很远,店员也能从负责指导门店经营的主管那里获得反馈(如评价、留言)。该视频还会展示给其他门店的店员,所以也能在员工之间获得点赞和留言。

如果员工觉得某种工作方法更好,可以主动拍摄并上传自己发挥创意进行改良后的工作方法。如果总部认为这比范例更好,就会将其作为新的指导材料发送到所有门店。这是系统的一大特色。

发掘埋没在一线的员工的智慧,利用视频将其可视化,再共享给其他门店的员工,从而使其回流到现场。这项机制的基本思想在于零工和兼职员工也可以有所贡献。

值得注意的是,企业引进这套系统后,有效降低了离职率。曾有一家 24 小时营业的健身房,由 2 名员工负责零工和兼职员工的管理,这 2 名员工此前正在为高离职率而苦恼。引进这套系统后,健身房半年内的离职率从 34% 锐减到 9%,一年内的离职率减半,从 70% 降到 36%。

另外,一线员工也会通过视频,提出自己设想的新的工作方法,并分享到其他门店。工作方式的改变不仅降低了离职率,也反映在业绩上,如提高了顾客的黏性等。这套系统除了唤醒员工的贡献欲之外,还使他们的整体感和归属感得到了满足。

一位健身房的主管说："以前员工离职率高的最主要原因是得不到其他人的充分指导，心中觉得不安。引进这套系统后，除了员工通过观看 Clip 能大幅提高服务水平，不同门店的店员也能在 Clip 上认识彼此，给对方的视频点赞或留言，就算没有实际见面也会产生联系。在每年一次的全体职工大会上，大家即便是初次见面，也能够像老朋友一样相处融洽，表现出非比寻常的热情。一出现新分店的支援要求，员工就会立刻举手报名。ClipLine 在员工之间创造了'社区'，这实在是太棒了。"

为什么 Clip 能够创造"社区"呢？ ClipLine 公司的创业总裁作为提案人，这样说道："因为即便通过视频，大家也能互相共感。""员工投稿的视频就是将他们在现场获得的隐性知识外显化后的产物。在观看视频的过程中，员工之间可以共享隐性知识。而通过共享，就能产生'场'。所以大家感觉就像是面对面一样，产生了共感。"

即便是最早引进 ClipLine 系统的日本某大型牛肉盖浇饭连锁店，也没有将它定位为单纯的教育系统，而是将它看作公司内部交流工作的新平台。这正是将单向的教学，转变为了双向的联系和共感。

从创业总裁的话中也可以看出，ClipLine 的教育服务是建立在知识创造理论的基础之上的。

与他人共感，基本是通过一对一的面对面交流来共享肉身间性，同时通过对话创造"场"，用五官感受对方细微的身体动作，在共享隐性知识的过程中产生的。

视频本不具有肉身间性，但是就像在电视上看足球比赛时会为白热化的场面而兴奋一样，即便观看的对象是视频，镜像神经元也会产生反应。

在 ClipLine 的案例中，门店店员拍摄自己在工作中的模样后上传视频，是一种将在一线获得的隐性知识外化为显性知识的过程，其他工作人员观看视频后，就能通过视频站在投稿人的角度，共享隐性知识。

此外，双方通过互相留言，在数字的时空中创造了对话的场合。所以即便没有共享肉身间性，也能够和面对面时一样，产生无限接近第二人称视角的互相共感的关系。

实际上，在引进 ClipLine 后，知识创造会在彼此共感的过程中产生连锁反应。员工观看他人发布的视频，在共感的过程中回顾自身，触发了自身在现场积蓄的隐性知识，并注意到了需要改进的地方，意识到自己也想成为这样。员工还会进一步主动发挥创意，产生第一人称视角的"如果是我的话会这么做"的想法，并向公司提出或发布自己想出的新的工作方法，在第三人称视角推动组织运转。在这一过程中也可以发现知识创造的存在。

有意思的是，在使用云端技术的 ClipLine 中，这种知识创造的循环是一种"一对 N"的传播，而这在在职培训中则是"一对一"的配对形式。N 名员工会在独自面对 ClipLine 之际，通过前文提到的视频特征，建立模拟"一对一"配对的共感关系。

从成本上来说，"一对 N"也能提高效率，因为即便是"一对 N"，在每个人之间也会产生共感，使知识创造得以循环。ClipLine 最大的特点就是通过视频上传、发布和共享，实现了高效率和创造力的兼顾。

现在，社交媒体广泛普及，导入公司内部 SNS 的企业和组织也在不断增加。将公司内部社交媒体作为制造共感的媒介并加以利用，可以提升组织活力。

ClipLine 的案例表明，即便是数字媒体时代，共感依旧是知识创造的起点，是加速知识创造循环的重要资源。

「 物 語 り 戦 略 」 で 輝 く 現 場

「物語り戦略」で
輝く現場

第 **2** 章

"直观本质"和"跳跃性假设"
是共感驱动创新的关键

日产 Note，重回新车销售第一

在前文中，HILLTOP 将上下级、平级之间的共感作为人才培养体系的重要一环。其实，在商业活动中，也会产生各种各样的共感，例如公司与客户的共感、领导与员工的共感，甚至是人对物的共感，不一而足。

本章的主题是创新与共感。我们从企业经营的创新活动中可以看到 3 个关键词：共感、直观本质、跳跃性假设。当开发人员进入他人的情境并与之共感时，视角就会由从外部观察转变为从内部观察，进而发现事物本质，并运用发散思维，提出跳跃性假设，新知由此诞生。

日产（Nissan）的 e-POWER 系统问世时，公司正处于高层丑闻频出、业务经营混乱的关头。

这一时期，开发人员站在驾驶者的角度，在与客户的共振、共鸣、共感中觉察到了电机驱动的本质。员工之间相互共感，提出跳跃性假设，尝试用一个装置踏板完成汽车从加速到静止的过程，最终成功实现新产品开发。这一共感从电机组传播到了发动机组，后来又扩展到了销售组。

在这个案例中，开发人员合理运用了最先端的科技。在企业经营活动中，人们所拥有的共感能力能促进新知的诞生。

不踩踏板也能刹车

2016 年 11 月，日本的小型车（总排量在 1.6 升以下的小型普通轿车）市场发生了一件特别的事情：日产小改款车型 Note 成为新车（含轻型自动车）月销量冠军。由此，日产继阳光（Sunny）之后，时隔 30 年重回日本汽车销量冠军宝座。此后，Note 的销量一直保持在原计划的 1.5 倍。

2017 年，在小型车领域，Note 超过了此前的"常胜将军"丰田混合动力（HV）车型 AQUA，赢得了销量冠军。2018 年，Note 在新车注册数方面超越普锐斯，跃居首位。其中最引人注目的是，每月售出搭载了 e-POWER 系统的 Note 车型数量已占到 Note 车型整体销量的 70%。

混合动力车型是在发动机和电机的适当交替驱动下行驶的，而 Note e-POWER 仅依靠电机行驶，其发动机仅用于发电，因此不需要外部充电。油耗最大值为 37.2 千米 / 升，这与丰田 AQUA、本田飞度保持在同一水平。在作为电机驱动特征之一的静音性方面，它比其他车型高出两个等级。

Note e-POWER 的另一大特征是配备了 e-POWER Drive 模式。汽车减速时，电机会将动能转化为电能，并将产生的电能用于电池充电。在这一过程中，"再生制动"发挥着作用。在这种模式下，车辆的制动力是汽油发动机车型的 3 倍，驾驶员只需操控单踏板就可以控制车速，从而实现了单踏板行驶。在市区行驶时，它可以比自动挡汽车减少约 70% 的踩踏板次数。

但是，在分类上，Note e-POWER 仍然被称为串联式混合动力车型，因此，也有人把 Note e-POWER 归类为混合动力车型，但这一分类并没有揭示其本质。回顾开发历程，Note e-POWER 其实是日产纯电动汽车（EV）聆风（第一代于 2010 年 12 月发售）的升级版，因此，可以说它的诞生开拓了汽车驾驶体验的新纪元。

技术开发人员的"部门活动"

故事要先从日产聆风的开发说起。作为一款赌上了日产身家性命的车型，聆风实现了零排放，对环境不会造成污染。它可以将夜间的剩余电量储存到大容量电池里，提供家庭用电。这些特点吸引了不少消费者的目光，但从事开发的技术人员更感兴趣的，却是其他东西。

"那就是电机驱动的驾驶快感！"说这话的人是日产第一产品开发部的汽车工程师羽二生伦之。他一直从事电动系统方面的研究，并在 Note 汽车项目中负责 e-POWER 系统的开发。他还说道："踩下油门后，发动机的进气阀就会打开，因为要有一个点火的过程，所以在反应上会稍有延迟。相比之下，电机的转动直接驱动车轮，传动系统非常简单，因此一启动就可以发挥出最大扭矩作用。聆风电机的控制精度可以达到 1/10 000 秒，所以车的反应很快，踩下油门即可加速，令人颇感畅快。聆风追求的正是电机驱动的良好驾驶体验。实际上，在聆风发售后，试驾完的客户无不露出灿烂的笑容，为电机驱动的美妙感觉所折服。我们将良好的驾驶体验为顾客带来的笑容称为 'EV Smile'。"

"这就是电机驱动的乐趣。"这一新的价值、新的品牌形象，是开发纯电动汽车的日产先行者们才能感悟到的。但是，从聆风发售前进行的纯电动汽车客户调查来看，情况不容乐观。很多人表示驾驶该车的感受让自己想起了高尔夫球车。"环境友好，但加速起来很慢"是人们对高尔夫球车的普遍印象，也是现实情况。

如何才能让大家都知道电机驱动的好处呢？日产的技术人员在 2006 年前后开发聆风时，已开始主动着手解决这个问题。当时，即便是充满电，纯电动汽车的续航里程也只能达到 200 千米左右，不适宜长途行驶。因此，日产开始开发以外部充电为主，同时配备发电用发动机的增程器（Range Extender）技术。少数有志者开始了本职工作以外的活动，这些活动在公司内被称为"部门活动""无报酬劳动"，在此期间也产生了 e-POWER 技术的先导。

到了羽二生伦之这一代，部门活动依然在延续。机会出现在开发聆风小改款的时候，羽二生伦之等系统负责人研究出了一个可提升制动能力的驾驶模式，名为"B Range"。羽二生伦之表示："有了 B Range，驾驶人在高速行驶时减速便不需要换脚踩刹车。因为这样开起车来会非常轻松，所以我们称这一过程为'轻松地踩下踏板'，简称'轻松踏'。如果制动力再强一些，就可以把车刹住，那该是多么有意思的事情！于是我们开始组织部门活动，这就是单踏板驱动的开发起源。也许在外界看来，日产是一个只在意员工工作是否达标的企业，但实际上我们在一线也有着自由决定权，可以自主将许多想法加以实现。特别是在纯电动汽车的开发方面，为了创造我们所需要的东西，我们会主动研究。"

发动机组接受了"发电机"的称号

部门活动的一系列成果引起了商品企划部的注意，他们计划将研究出的装置在小改款的 Note 车型上实现搭载。此前，Note 车型的新车月销量经常处于市场排名的第四、第五位，日产期望它的表现能够与 AQUA、飞度等车型相抗衡。

技术开发人员把聆风标配的电机、变压器、发电机等装入了已配有发动机的 Note 中，并将蓄电池放在了前排座位下边，通过这一独门绝技解决了空间不足的问题。之后，他们开始着手思考日产生产的带有发动机的纯电动汽车应该是什么样子的。

除了提升驾驶体验外，静音性、油耗、生产成本等问题也必须同时解决。静音性及油耗和发动机有很大关系，车辆在加速过程中，胎噪和风噪等行驶中的声音会覆盖发动机的声音，这时，可以使发动机保持在效率最高的转速运转，在短时间内完成充电。这样在油耗下降的同时，舒适性也会提高。

"但是，按下葫芦浮起瓢这样的事时有发生，"负责调试工作的羽二生伦之说道，"电机组、发动机组、系统组、评估组等各小组每天早上会集合在一起，决定当天要解决的问题。此外，每周要开一两次权衡研讨会，商议重大事项。这些工作循环往复，直到解决了需要权衡的问题为止。静音性方面，如果做到时速 50 千米／小时以上，发动机每分钟 2 400 转，就不会让驾驶者感受到发动机的声音，实现性能与油耗的平衡。"

出于对"电机驱动的乐趣"这一重要追求，技术开发人员更看重将试驾体验与数据相互对照并进行讨论，最终落实为产品设计规格的过程。早晨，团队成员会坐进试驾车里，一遍又一遍地走测试路段，一边吃早饭一边调查问题所在。他们准备了数十台试驾车，在全日本进行试验，积累的总里程约为 30 万千米，可以绕地球 7.5 周。羽二生伦之表示："我们所追求的，是日产独有的纯电动汽车技术带来的驾驶体验，这也是我们的'秘籍'。对此，我们有必要明确电机的新进化到底应该如何定义，并将这一理想的汽车形象分享给所有员工。因此，我们每个人都坐进了聆风里，好让身体知道，什么才是纯电动汽车的感觉。Note e-POWER 就是在聆风的基础上创造出来的。"

这里还有一小段插曲。e-POWER 项目组是由聆风项目组和发动机项目组的成员组合而成的，纯电动汽车系的技术开发人员将发动机与发电机合二为一，统称为"发电机组"，这招致发动机组的强烈不满。但是当开发成果出炉后，发动机组对电机驱动的意义产生了共感，因此接受了这一称呼。这样，项目才算最终落地。

这则轶闻传到友商的耳朵里后，那些人说道："日产竟然在那群傲慢的发动机组人员面前使用'发电机'这样的称呼，真是一大历史壮举啊！"

销售组与客户的共感

继开发组之后,还有一组将面临重大课题,那就是销售组。销售组经理南智佳雄表示:"我在公司里工作了 30 年,还是第一次有这样的驾驶体验,我被打动了。如果我不能把技术开发人员精心开发的'电机驱动的乐趣'传递给客户,就无法体现 Note e-POWER 应有的作用。我们销售组已经做好准备,并做出了两个决定。"

第一,不能把 Note e-POWER 称为混合动力车型。如果把它当作混合动力车型来售卖,的确可以在一定程度上预测市场的反应,而且如果将其定义为其他车型,市场对其的接受可能也会慢一些。但是,这样不能传达出技术开发人员的思想。为了强调该车型是前所未有的新类型,销售组特意使用了 e-POWER 这一专有名词。

第二,用"无以言表"来形容 e-POWER 的行驶体验。南智佳雄还说:"我们想了许多文案,如'丝滑行驶''如滑冰一样行驶',但这些都不能准确地描述纯电动汽车的驾驶体验,这种体验很难用语言来形容。因此我们考虑,不如让客户亲身体验一把,就像技术开发人员所做的那样。让客户亲身体验'EV Smile'和'轻松踏',就是我们的销售策略。在电视广告中我们也称之为'发明',以吸引客户前来试驾。"

日产在全日本 2 100 家 4S 店中,全都配备了两辆试驾车,这是通常数量的两倍。他们用"踩一下踏板,你就会爱上这辆车"的宣传标语来表现电机驱动的魅力。

日产在试驾路段安装了信号灯和坡道,这样可以使单踏板驱动的威力发挥到极致。日产还与永旺以及网购平台亚马逊等大企业合作，在商店前的停车场开展试驾服务，甚至还尝试把试驾车送到客户的门前。这些销售手段都起到了非常好的效果。南智佳雄表示："试驾取得了巨大成功，客户都被驾驶体验深深地折服了。有七成购车者为 Note 老客户。通常人们会在买车 7 年后的第三次车检时考虑换车，但是在试驾了 Note e-POWER 后，有许多老客户在第一次、第二次车检时就置换了，有的人在车检的过程中就进行了试驾并决定购入，加快了旧车的更换周期。"

剩下的三成客户原本开的是其他品牌的混合动力车，其中有的客户竟直接用那些车来置换，这是之前从没有发生过的情况。南智佳雄说："这些消息是我在门店听到的，不知道友商会怎样想，我们恐怕是踩了老虎的尾巴啊！但我们已经做好了接受反击的准备。"

Note e-POWER 的火爆意味着什么？根据美国加利福尼亚州零排放汽车（ZEV）政策，自 2018 年起，混合动力车型被排除在零排放汽车的范围之外。法国和英国表示，要在 2040 年前禁止汽油车和柴油车的销售。中国和印度也在推进纯电动汽车车型的优待政策。全世界都在加速向纯电动汽车转型。为此，丰田与马自达进行资本合作，打出了共同开发纯电动汽车的旗号。

但是，一旦正式涉足纯电动汽车的开发，就需要开始关注驾驶体验、从发动机到电机的习惯上的转变，还有价值观的转变。Note e-POWER 的开发，使日产抢先一步迈入了新世界。可以预想到，丰田一定会动真格穷追猛赶。到那时候，双方一定会展开一场新的电机"驾驶体验竞赛"。

经营讲义

只有直观本质，才能提出跳跃性假设

与客户的共振、共鸣和共感

Note e-POWER 的开发之路，也正是车辆制造的创新之路。那么，这一创新是怎样实现的呢？

在逻辑推论方法中，有从既存的普遍命题中按逻辑推导出解决办法的演绎法，也有从具体的现实经历中找出关联的归纳法。"所有人都会死—苏格拉底是人—因此苏格拉底会死"，这样的思考方式是演绎法。"迄今为止看到的天鹅都是白色的—因此天鹅是白色的"，这样的思考方式是归纳法。

可以明确的是，演绎的思考方式是难以创新的。以 Note e-POWER 的开发为例，在一般认知中，油门的作用就是加速，因此，用演绎的思考方式不可能推导出单踏板驱动。而单纯的归纳法又容易让想法趋于同质化。

要想创新，就要有不同性质的、非连续性的想法，并运用溯因法（abduction）思考。换句话说，就是用跳跃式归纳法来得出跳跃式假设。"虽然几乎所有的天鹅都是白色的，但条件不同时，也会出现黑天鹅"，这种思考方式就是溯因法（见图 2-1）。

Note e-POWER 的技术开发人员是如何提出"仅用一个踏板完成从加速到静止过程的单踏板驱动"这一跳跃性假设的呢？这就要从直观电机这一动力源的本质开始说起。

演绎法	归纳法	溯因法
所有人都会死 ↓ A 是人 ↓ A 会死	所有人都会死 ↑ A 死了、 B 死了、 C 死了 ……	肉体消弭， 精神永存 ↑ 死到底是什么 ↑ A 死了，切身 体会到死亡
（将普遍命题进行逻辑分解，推导出结论）	（对个别现象、事态进行观察并将其总结为规律）	（直接经历并与他人共感，在此过程中，直观自己内心涌现的本质，提出跳跃性假设）

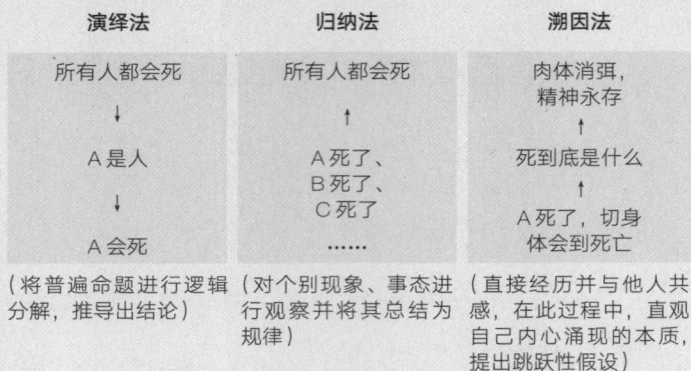

图 2-1　演绎法、归纳法和溯因法的区别

　　所谓事物的本质，指的是不以时间、地点为转移的普遍的意义与价值。那么，如何把握事物的本质呢？举一个例子，日本江户时代著名的俳谐师松尾芭蕉有一俳句"古池塘，青蛙跳入水声响"，这个俳句的本质是什么呢？在人们的意识里，通常会有"朝着某个方向"的指向性，为了把握这个俳句的本质，我们必须推想松尾芭蕉的意识指向了哪里。

　　在青蛙跳进水里发出入水声时，松尾芭蕉感受到的是声音背后的静寂。也就是说，这个俳句的本质在于静寂。这是我们站在松尾芭蕉的立场上，彻底对他进行移情，与他共振、共鸣、共感，才能体会到的东西。

　　在商界也会发生这样的事情。聆风的技术开发人员对纯电动汽车驾驶体验的追求会更甚于对环保性能的追求，他们并不是站在自己的角度，而是站在客户的角度来分析的。他们完全化身为驾驶者，与客户共振、共鸣、共感。事实上，只要是试驾过的客户,都无一例外地脸上挂满笑容。"EV Smile"这个词也可以说是与客户共感的一个符号。

同样,"B Range"的技术开发人员也转向了电机驱动,将踏板操作的减速功能扩展到停车,将驾驶乐趣扩展到了制动上。

这样,技术开发人员在与客户共振、共鸣、共感时,发现电机动力源的本质寓于电机驱动的良好驾驶体验中,从而在纯电动汽车中发现了新的意义与价值。他们在此基础上运用发散思维,提出了跳跃性假设,"如果踩踏板不仅能够加速,也可以制动,那么会多有意思"。

如果把"电机驱动的乐趣"套用到第 1 章的"我—你"关系中,也可以总结为员工与客户之间产生了第二人称视角的"我们的主观"。技术人员以第一人称视角思考的是"将美好的驾驶体验告诉所有人",因此开始了部门活动,最后提出了"单踏板驱动"这一由跳跃式假设产生的第三人称视角下的概念,完成了技术的创新。

在通过技术来实现这一概念的过程中,演绎法与归纳法等逻辑推理、逻辑分析思考也是必要的,因为那是科学性的思考。共感、直观本质、跳跃性假设则是艺术性的启发。从这个意义上讲,创新是通过艺术性与科学性的融合实现的。可以确定的是,只依靠科学是无法实现创新的。

20 世纪著名建筑师路德维希·密斯·凡德罗(Ludwig Mies Von der Rohe)这样说过:"上帝在细节中。"在现场于细微之处直观到个别具体事物的本质,是创新不可缺少的条件。同时,我们也要为事物赋予新的意义、价值,再以此为基础,提出跳跃性假设。这是创新最基本的知识方法。

直观本质的系统化

人们在看到红色的花朵时，往往会联想到"红"，由此产生的感觉和质感被称为"感受质"（qualia）①。技术开发人员直观到的"电机驱动的乐趣"本质也属于感受质，感受质属于隐性知识，因此很难在人与人之间传递。

将直接经验分享出来，是传达感受质最有效的方法。从这个意义上讲，销售组所采取的试驾策略极其有效。

在开发过程中，技术开发人员通过部门活动分享了自己的直接经验，传达了感受质。从SECI模型的角度来说，这是隐性知识的分享。经过社会化，隐性知识得到外显化，跳跃性假设就此得出，即在Note小改款上搭载单踏板驱动。要在装配了发动机的Note中加入电机驱动部件，需要电机组、发动机组、系统组、评估组等组成的开发团队共同探索"'搭载发动机的纯电动汽车'这一日产理想车型"，这是将原有的显性知识进行系统化组合的过程。

部门活动的成员直观到的感受质，又是如何共享给开发组全体成员的呢？这里特别要强调的是，即使是系统化组合模式，也要重视直接经验的共享，致力于打造协同合作的开发团队。部门活动的成员让开发组成员试驾，将感受共享，从而使

---

① 感受质：心智哲学的一个重要概念，指构成任何意识体验的元素，即我们的感觉具有的质。——编者注

后者体会到"良好驾驶体验的关键",将感性认知转化为数字和标准。

开发组将各有所长的组别集中到一起,在团队形成之时以形式为基础进行研究。而当基础转变为"我们想做什么"以及"我们为了什么而做",即对意义的追求时,就会产生"场"。

直接经验的共享,让开发组从形式中得到了意义,产生"场",实现了直观本质。这就是发动机组也能够吸收隐性知识,接受"发电机组"这一称呼的原因。

在共享感受质的基础上,本案例中一个有特点的地方是"良好的驾驶体验""EV Smile""轻松踏"等表现感受质的隐喻词语。在销售过程中,销售部门也使用了"令人愉悦的踏板"这样的隐喻。

隐性知识指的是内心的情绪体验,因为它不能用语言来直接形容,所以用隐喻与类比来表示。开发人员一边驾驶汽车,一边体会着愉悦的感觉,思考驾驶者在什么情况下会露出笑容,并将这些体验转换为数据。从隐性知识变为显性知识的过程中,隐喻与类比发挥了巨大的作用。

Note 汽车的案例告诉我们,越是通过共感结成的小组,作为共同语言的隐喻与类比就越多。那么,如何进行直观本质,提出跳跃性假设?请看以下两个案例。

「物語り戦略」で輝く現場

Goodjoba!! 区，缔造一年内 193 万人入场纪录

娱乐的同时还能学习产品制作的知识，这种体验只有在 Goodjoba!! 区才能获得。理论上，这个设想根本不可能实现，但是，关根达雄会长的亲身经历让这一切成为可能。

身居公司高层的关根达雄作为提案人，在产品制作现场体验了工匠的制作流程，感悟到其乐趣的本质在于凝结了人类的智慧，这才有了 Goodjoba!! 区的诞生。

曾经，在闭园计划的推进过程中，关根达雄共感于海狮饲养人员奋斗的身影，直观到游乐园重获新生的关键在于人才培养。

带着这份感悟，在员工策划能力日渐提高、游乐园人气日渐恢复、资金也已逐步到位的时候，关根达雄开始考虑 Goodjoba!! 区项目的相关规划。他站在游客的立场来观察游乐园，意识到娱乐和学习在本质上是一样的，因此提出了"融合娱乐与学习"的跳跃性假设。

在读卖乐园重启的每一环节中，关根达雄都是通过直观事物的本质来进行工作的。

如何直观到事物的本质？这是一个难题。在本章的"经营讲义"中，我们从将目光投向主观现实、进入物我合一的境界、在现场的行动中深入思考、打破组织的桎梏这 4 种方法来解答。

入园人数从 60 万人次激增至 193 万人次

本次采访开始于一场用时 45 分钟的排队经历，地点是东京读卖乐园的 Goodjoba!! 区。这是一个可以体验产品制作的全新区域，于 2016 年 3 月正式开业。Goodjoba 是 "Good Job Attraction" 的简称，旨在通过独立开发的娱乐项目，让游客在玩耍的同时学习产品的制作流程。为此，公司投入了约 100 亿日元，而这也是 1964 年游乐园开业以来最大的一笔投资。

Goodjoba!! 区在旧停车场的基础上改造而成，占地面积为 2.4 万平方米，相当于东京巨蛋的一半。区域内有 4 个工厂，分别代表汽车、食品、服饰和文具 4 个行业。工厂由日产、日清食品、WORLD 和国誉 4 家公司支持建造，且工厂前都挂有这 4 家公司的标识。该区共有 15 个游乐项目和 4 个可供游客参与的工作坊，并计划于 2021 年开放室内过山车 "SPACE factory" 项目。该项目由大正制药赞助，以力保健饮料为主题，游客可以在其中体验到宇宙旅行的感觉。

采访是在 4 月初进行的，当时正值日本学生的假期，各个游乐项目前都排起了长龙。人气项目有 "定制车间" 和 "激流 U.F.O." 等，排队通常需要花费约 120 分钟。参加前者的游客可以挑选自己喜欢的设计零件安装在车体上，并进行试驾。参加后者的游客则会在乘船沿水急流而下的过程中体验 "日清 U.F.O. 炒面" 的制造、烹饪等一系列流程。

记者决定先去探访文具工厂，因为那里只需排队 45 分钟，时间相对较短。记者参加了 "Campus 挑战" 项目，该项目以国誉的代表性商品 "Campus 笔记本" 的制作流程为主题，从纸张运送到封装检查，每个流程都设置了相应的游戏，最终目标是通关，完成笔记本的制作。

　　根据工作人员的介绍，有时一天之内都没有一个人能够通关。记者尝试之后发现游戏确实很难，对反应能力的要求很高，但正是它的难度使游客觉得游戏更加有趣，即使没能通关，他们也想再尝试一次。简单地在Goodjoba!! 区游览一圈后，记者便开始了正式采访。

　　"你去国誉馆看过了吗？入口处的电视播放着现实中的工厂内各个生产工序的视频。视频里有不少信息，随便拿出一条都能当小学生暑假自主作业的主题了。"得意地说出这些话的人正是 Goodjoba!! 区的策划人关根达雄，现任读卖新闻集团总公司首席顾问、董事。关根达雄原本就职于读卖新闻，2006 年读卖乐园的社长突然去世后，时任执行董事、制作局局长的关根达雄临危受命，从 2007 年开始担任读卖乐园的社长，并于 2014年起担任会长（名誉社长）。

　　当时，读卖乐园的日入园人数是 60 万人次，仅为全盛期的一半，因此公司计划暂时关闭游乐园，在此处建造购物中心。没想到，2016 年Goodjoba!! 区开业后轰动一时，日入园人数达到 193 万人次，打破了历史纪录。现在，就让我们再次追溯这段历史，了解这位原财经记者是如何让游乐场重获新生的。

在亏损严重的海狮秀上有了新发现

　　刚就任社长时，关根达雄经常去游乐园里上演海狮秀的场馆。该项目花费很大，但是亏损额却是园内最高的，如果闭园，饲养员应该怎么安排呢……关根在心事重重地观看表演时，突然有一个想法从脑中一闪而过。

只从数据来看,海狮秀确实亏损严重,但是场馆里的饲养员是游乐园内工作最努力的一群人,他们既要表演,又要不分昼夜地照顾和训练海狮。如果其他员工也能像海狮饲养员一样努力,游乐园也许就能渡过危机。关根达雄想,或许只需向员工指明一个方向,就能唤醒员工心中沉睡的斗志。

"为了游乐园再赌上一把!在我下定决心重建游乐园的那一刻,脑海里浮现出了我在当记者时看到的产品制作的场景。"关根达雄回忆道,"我去工厂参观之后,才发现产品制作现场非常有趣,我甚至还曾深入观察过禁止游客入内的区域。担任读卖乐园的社长之后,我经常在园内奔波考察,我逐渐发现,娱乐和产品制作这两者的有趣之处,或许从本质上来说是相同的,即它们都凝结了人类的智慧。游客也许就是觉得某个项目有趣才会来到游乐园。如果将产品制作和娱乐相结合,那么游客应该会获得更多的乐趣。通过这种寓教于乐的方式,游客也能深入理解日本引以为傲的产品制作的过程。如果游乐园能做到这一点,那么它也就有了存在的意义。注意到这一点后,我开始考虑规划一个全新的区域。"

KidZania 原本是一个面向儿童的职场体验游乐园,其中心主题是服务业。如果以产品制作为主题,势必会不太符合游乐园的定位。意识到这一问题后,关根达雄在 2009 年向时任游乐园事业部副部长的曾原俊雄(现任总部统括部部长)下达指示,命令他去各地的工厂参观学习,但并未特意说明理由。

和娱乐业一同成长的曾原俊雄回忆道:"指示内容只有一条:学习产品制作。"自那以后,两人花了三四年的时间一起去工厂参观学习,进行讨论。如果不能回答清楚关根达雄的问题,曾原俊雄便会再去同一家工厂两三次。渐渐地,曾原俊雄也疑惑起来:这究竟和自己的工作有什么关系?

　　"在我快要爆发的时候，关根达雄找了个合适的时机，向我解释了他的目标和方针。"曾原俊雄回忆道，"他说，'如果一开始就告诉我融合娱乐与学习这个理念，那么即便我去参观，也感受不到'玩耍'的乐趣。产品制作究竟意味着什么，这个问题的答案就在车间，他希望我能通过参观找到答案。"

学习杯面的逆向思维

　　怎样才能具体表现出娱乐与学习的融合呢？带着这个问题，作为开发团队领导的曾原俊雄开始了一番苦战。他奔波于各个企业之间，寻求合作，最终目标是学到对方的独家制造技术和方法。由于这是一项没有先例的企划，曾原俊雄能够展示给别人的只有理念与预想图。

　　很多公司都拒绝了曾原俊雄的请求，只有前文提到的 4 家公司给予了支持。而在集齐了 4 个可亲身体验产品制作的业种后，他紧接着在游乐设施的具体规划上遇到了难题。他回忆道："以汽车工厂的'定制车库'项目为例，如何确保游客自己设计的车辆的安全性是一个很大的难题。如果在试驾过程中零件掉落，那么后面的车辆很有可能会撞到零件，发生事故。但是，汽车制造是最能体现 Goodjoba!! 区理念的游戏，为此，我们最终想到通过磁铁吸附和用电动螺丝刀拧紧螺丝，来保证驾驶安全。"

　　驾驶路线的终点设置在一艘用于出口车辆的船上，因为关根达雄坚持要让游客认识到，作为出口产业之一，汽车制造业支撑起了日本经济的发展。

　　如何平衡玩耍与学习也是一大难题。在"激流 U.F.O."项目中，游客会乘船在急流中穿越炒面的生产车间。途中有影像按钮式射击游戏，游客在前进的同时还要击败破坏炒面制作的"坏人克特勒"。因为制作炒面的油温要求是 150 度，所以游客要制止克特勒降低油温的行为。通过这个游戏，游客会认识到制作炒面的合适温度是多少。

食物工厂内还可以看到一个巨大的纸杯从头顶罩下。据说日清食品的创始人安藤百福在发明杯面时灵机一动，想到与其将面装进纸杯，不如用纸杯倒扣在面上，这样更好封装。这一逆向思维就隐藏在这个游戏场景中。

"我只是适当提了一些意见，最终玩耍和学习以 7∶3 的比例保持在了一种平衡状态。"关根达雄说道。

作为"学习派"的关根达雄，一直在积极推动工作坊的建设。例如在"驾驶实验室"里，初次见面的游客要一起组队，组装汽车模型，争分夺秒来赢得比赛。通过游戏，参与者要学会明确任务，缩短时间，不断改进方法。此外，在"激动人心时尚实验室"里，游客还可以用缝纫机缝制衣服。

据说，作为"玩耍派"的曾原俊雄曾经非常担心没有人会来工作坊玩。他提道："因为学习要素太多，游客需要支付额外费用，而且整个项目要花上半小时，所以我很担心没人来玩。但是试运营之后发现，项目非常受欢迎，预约很快就满了。有时一家祖孙三代一起来玩，奶奶会教孙子使用缝纫机，而孙子则会一脸崇拜地看着奶奶。看到这一场景，我感到十分欣慰。"

"提供一个场所，让支撑起日本制造业全盛期的一代人能够和孙辈一起开怀畅谈"，这是关根达雄将产品制作定为游乐园主题的原因之一。据说，现在越来越多的人会选择一家三代一起来游乐园。

促进 Goodjoba!! 区诞生的"二级火箭"^① 工程

不论是游乐项目还是工作坊，都要求员工具有很强的策划能力。尤其是工作坊，里面的内容每隔三四个月就要更新一次。而员工策划能力的提高，还要归功于关根达雄倾尽心血打造的一个重建项目。

共感于海狮饲养员的工作方式后，关根达雄意识到重建园区的关键在于人才培养。因为当时没有多余的资金去开发融合娱乐与学习的新项目，所以游乐园采取的战略是在既有设施的基础上策划各种活动，以此来提高客流量。关根达雄让员工绞尽脑汁思考策划方案，参与到游乐园重建的计划中，从而带动了人才培养。

曾经在一线和员工一起构思策划方案的曾原俊雄回忆道："园区经营进入低迷期后，员工的士气也很低落。但当他们开始活用自身的智慧后，连兼职人员都变得积极起来，策划能力也在不断提高。"

这些策划中最热门的，当属每年冬季举办的"宝石灯光秀"活动。这项活动从 2010 年起开始举办，是世界首创的以宝石为主题的 LED 灯光秀，它为观众展示了一个梦幻般的夜间游乐园。为了这项活动，关根达雄亲自拜访了世界级灯光设计师石井干子，请她负责设计。灯光秀每年都会变换主题，从而锻炼了员工的策划能力和接待能力。光彩夺目的灯光秀每年都会引起很大的反响，入场人数一直在增加。

---

① 二级火箭能使火箭更快地达到目标速度或高度，这里比喻 Goodjoba!! 区快速、高效、大胆的发展策略使其在短时间内实现显著成就。——编者注

关根达雄说道："游乐园原本保本点就非常高，为了增加收入就要提高劳动效率，但这很难做到。游乐园平时会在下午五六点闭园，但在宝石灯光秀活动期间，闭园时间最迟可延长到晚上 9 点。入场人数在活动开办的 5 年内翻了一番，同时，员工的活动能力也得到了提升。当初看到海狮饲养员时，我曾想，要是所有员工都可以这么努力就好了。现在这个想法终于变成了现实。"他用"二级火箭"一词来形容 Goodjoba!! 区诞生的过程。

"如果策划活动的战略没有取得这样的成功，也许新场馆会按照一馆、二馆的顺序逐步建设，但那样无法发挥足够的影响力。正是因为资金到位，员工的能力也达标，公司才能像二级火箭一样，一下子投资 100 亿日元，同时开放 4 个史无前例的新场馆。"

追求本质的态度引起合作企业的共感

为了提供更加真实的产品制作体验，合作企业也给予了很大的帮助。

在开发 FASHION 区室内过山车项目"旋转疾行"的过程中，排队区域的墙壁上留下了很大一片空白。于是，WORLD 公司提议让年轻的设计师在上面画点东西，设计要求是尽量让孩子有一种感性刺激，于是便有了一幅主题为"设计师的脑洞"的图画。整幅画呈几何形状，是一位女设计师在设计服装时突然想到的。

曾原俊雄说道："我们也纠结过要不要给画配上说明，但这是注重产品真实性的公司所创作的作品，所以就让孩子们自由想象吧。"

在"激流 U.F.O."项目中，当游客完成炒面制作，接近终点时，会闻到炒面的真实香味，有一种身临其境的感觉。这个提案来自日清公司的技术人员，为此日清公司还特意设计了一个可以让香味瞬间扩散又消失的装置。

合作公司之所以鼎力相助，正是因为它们看到了关根达雄和曾原俊雄每日奔波于工厂，努力学习产品制作的那份干劲。两人探寻事物本质的态度引起了合作公司的共感，让对方也打起十二分精神，设计出了史无前例的新产品。Goodjoba!! 区的成功，完美诠释了"good job"的本义。

经营讲义

直观本质的 4 种方法

如何才能直观事物的本质？下面将介绍 4 种方法。

方法 1，将目光投向主观现实

关根达雄在担任读卖新闻的资材部部长时，曾有过这样的经历。印刷报纸时，报纸用的卷纸中间会有根纸芯，如果纸芯错位，那么轮转印刷机在印刷过程中就会出现问题。经验丰富的人只要把手放在旋转着的纸张上面，就能感觉出纸芯是否错位。当时，关根达雄对师傅娴熟的技艺产生了共感，后来一直坚持去一线学习，直到自己也同样能用手感知出纸芯的错位。

这个故事充分诠释了关根达雄的思考方式。在产品制作一线与工匠共感，站在工匠的立场上，沉浸到工匠的世界里，我们才能直观领悟到，产品制作的乐趣在于凝结了人类的智慧。

担任读卖乐园的会长后，关根达雄也经常去各个场馆考察，将自己代入游客的视角，这才直观地领悟到游客之所以觉得游乐园有趣，正是因为这里凝结了人类的智慧。之后，关根达雄将游乐园改造为学习知识的场所，为其赋予了新的意义；"娱乐和学习本质上是相同的"这一认知，又为游乐园赋予了新的价值。在这全新的意义和价值的基础上，他最终提出了融合娱乐与学习的跳跃性假设。

此外，关根达雄在观看园内亏损最严重的海狮秀时，共感于饲养员努力拼搏的工作方式，站在对方的立场，最终直观地领悟到让游乐园重建的关键在于人才培养。他意识到员工并不是负担，而是园区重建的重要支柱，因此提出了一个假设：如果资金不足，游乐园就不建造新项目，而是调动员工的智慧，吸引游客前来。

面对同一件事，能够把握本质的人和不能把握本质的人究竟有什么差别？对于这个问题，著名精神病学专家、京都大学名誉教授木村敏指出，现实有两层含义：一是客观现实，二是主观现实。所谓客观现实，指的是将主体"我"与客体分离，主体从外部旁观者的角度观察客体所得到的结果。而主观现实，指的是主体"我"调动五官，站在客体的角度，彻底成为客体，沉浸到一种主客未分的、临在的境界，深入思考，从内部观察所得到的结果。

通过观察得到的现实认知是客观现实，即所谓的从外部观察到的"冰冷的现实"。而主观现实与此相反，它是通过经验和行为得到的现实认知，也就是从内部观察到的"鲜活的现实"。

关根达雄在报纸生产车间参观时，从内部的、主观现实的角度，而不是外部的、客观现实的角度，来观察操作轮转机的师傅，由此才能共感，直观领悟到产品制作的乐趣。

同样，在观察海狮饲养员的工作时，关根达雄也是从内部的角度，从员工的视角思考，这样才能够有所共感，直观认识到游乐园重建的关键在于人才培养。如果从外部视角来看问题，关根达雄也许只会考虑如何减少亏损，这就变成了一种分析的观点。

HILLTOP 公司也是如此，正是因为管理者从主观现实的角度，而不是客观现实的角度来考虑员工的处境，才能返璞归真，回归人类存在的本质意义，因此山本昌作才会提议开发 HILLTOP 系统，山本勇辉才会开始构想用 AI 技术实现自动编程。

为了提高直观本质的能力，我们需要认识到现实具有两面性。我们必须牢记，要站在他人的立场，与他人产生共感，进入他人的世界，再从主观现实的角度去理解。

方法 2，进入物我合一的境界

有一张颇具深意的照片可以说明客观现实与主观现实的差异。照片中的人是本田汽车的创立者本田宗一郎，只见他蹲在测试跑道上，双手五指着地，凝视着眼前飞驰而过的摩托车。照片中的他调动着全身的感官，将视线与摩托车的高度齐平，眼睛紧盯着摩托车，耳朵听着引擎的轰鸣，鼻子闻着尾气以确认汽油的燃烧状态,手指感受着地面的震动。

此时的本田宗一郎彻底成了手握把手的驾驶员,同时也将他的情感植入了摩托车之中,可以说,他已经化身为摩托车,这不由得让人觉得他是从主观现实的角度来观察着眼前的场景。

本书至此一直在论述人与人之间的共感,但是这张照片告诉我们,人与物之间同样也存在共感。以"从树上掉下来的苹果"这一"物"和"苹果从树上掉下来"这一"事"为例,二者存在什么差异呢?木村敏指出,"从树上掉下来的苹果"这一物是一个客观存在,与看到这个过程的"我"的主观意识没有任何关系。但是,"苹果从树上掉下来"这一事件,不仅是一个客观存在,还包含着经历了这件事的"我"的主观存在,正是因为"我"看见了,才出现了"苹果从树上掉下来"这件事。物一直都在那里,与人在不在场没有关系,而事只有与人类产生关系时才成立,它是作为人的经历而产生的(见图 2-2)。

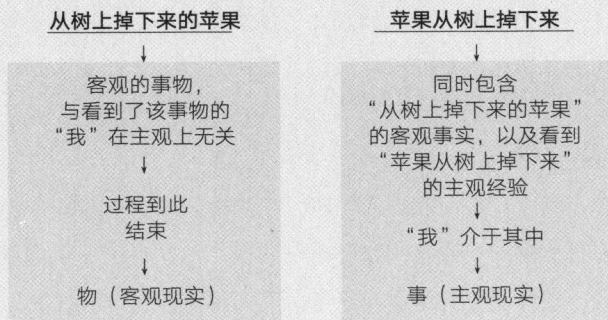

从树上掉下来的苹果	苹果从树上掉下来
↓	↓
客观的事物, 与看到了该事物的 "我"在主观上无关	同时包含 "从树上掉下来的苹果" 的客观事实,以及看到 "苹果从树上掉下来" 的主观经验
↓	↓
过程到此 结束	"我"介于其中
↓	↓
物(客观现实)	事(主观现实)

图 2-2　物与事的不同

　　客观现实是将对象当作客观的事物来观察的"事物的现实"。而主观现实则是站在事物的面前，观察事件的"事件的现实"。在"此时此刻"的世界中，亲身经历发展中的关系和情境，所得到的现实才是主观的现实。

　　脑科学家茂木健一郎也对这一问题很感兴趣。为什么牛顿看见苹果从树上掉下来，就想到了万有引力？对此，茂木健一郎在其著作《脑内现象的"我"是如何被创造出的》一书中是这样解释的：

　　　　苹果总是从树上掉下来……如果牛顿对这个现象没有表现出那么大的兴趣，就不会发现万有引力法则。那么，为什么苹果会落下来，而月亮不会落下来？正是因为站在苹果和月亮这种"第三人"的立场上思考问题，牛顿才成为发现万有引力第一人。

　　也就是说，正是因为有牛顿的介入，当他看到苹果从树上掉下来，站在苹果的角度思考问题的时候，才能看清隐藏在物背后的事。当物转变为事之时，牛顿自然而然就会发现万有引力的存在。

　　所以，我们在观察物时，不应该只把它当成一个物品，而应该将它视作一件有"我"参与的事，在这个过程中与其共振、共鸣、共感，将情感代入其中。下面将以曾经报道过的日本初代小行星探测器"隼鸟号"为例进行说明。

飞往距离地球 3 亿多千米的小行星，完成采样任务后返回地球，这是初代小行星探测器"隼鸟号"的目标任务。但是探测器在运行途中，可能会出现各种问题，如姿态控制系统故障、燃料泄露、通信中断导致行踪不明、引擎停止工作等。

为了应对这些突发状况，项目团队凭借超越于逻辑和事物合理性之上的直观本质的能力，提出了很多一开始没有想到的跳跃性假设，最终找出了对策。例如，将 4 架引擎中仍可以正常工作的部分连接起来，整合为一个引擎继续工作。正是因为有了对"隼鸟号"的移情，项目团队才能直观到事物的本质。

"你为什么能这么积极努力地响应我的指令？"团队领导曾对着"隼鸟号"如此感叹道。以他为首的所有成员都感觉自己就像"在养育自己的孩子"。即便是对与人类存在隔阂的物，我们也能将感情代入其中，自发地与它产生联系，感受到它活生生的存在，与它共振、共鸣、共感。正因为如此，即便"隼鸟号"出现一些细微的问题，工作人员也能临场判断，立刻解决问题。这一过程中也诞生了很多催人泪下的故事。

Note e-POWER 汽车的技术开发人员也是如此。他们站在驾驶员的立场，同时与汽车产生共振、共鸣、共感。正因为如此，他们把汽车看作一个有"我"参与的事而非物，在主观现实的世界里，直观到电机驱动的本质在于速度感。如果从客观现实的角度来看待问题，那么他们可能只会关注汽车的环保性能。

日本哲学家西田几多郎认为，当人们专注于某个事物，变得心无旁骛时，就可以超越主体与客体的区分与对立，达到一种

"主客未分"的境界。也就是说,"我"与物融为一体,进入了"物我合一"的境界,在这个境界中,人会看清事物的本质。这就是"纯粹经验"。

美国著名心理学家米哈里·希斯赞特米哈伊(Mihaly Csikszentmihalyi)[①]指出,当人类沉浸在某一事物中时,会体验到最大的快乐,他将这种状态称为"心流"。在此状态下,人会忘掉自我,完全沉浸在所接触的事物中。主客未分的纯粹经验虽说是属于东方的哲学,但是忘我的心流与它也有着千丝万缕的联系。

人越是自发地与周围世界产生联系,就越会从主观的角度,而不是客观的角度来理解现实。而其中最重要的是,如何从一个整体且自发的角度去看待对象。

方法3,在现场的行动中深入思考

关根达雄让曾原俊雄连续三四年去工厂参观学习,却一直没有告诉他融合娱乐与学习这个理念。这个故事说明了直观事物本质的第三个方法,即在现场的行动中深入思考。

现存的理论不可能将产品制作与游乐园联系在一起,即便关根达雄一开始就向曾原俊雄说明了理由,曾原俊雄也未必能够从本质上理解关根达雄的想法。因此,关根达雄特意没有说明理由,而是让曾原俊雄和他一起去产品制作的现场考察,再不断讨

---

① 心流理论的提出者、积极心理学奠基人。其著作《创造力》(*Creativity*)的中文简体字版已由湛庐引进,浙江人民出版社于 2015 年出版。——编者注

论。这样一来，曾原俊雄为了讨论，也不得不努力思考。

思考和行动一不注意就有可能分离。有时我们在定下主题之后，会先思考，再采取行动，但在这种情况下，因为是根据已有的理论来理解现实世界，所以会从外部视角来观察、分析对象，很容易陷入旁观者的视角。这种观察物的角度，即所谓的客观现实的角度。而只要是从外部视角来分析，就不会有新发现。

知识创造的出发点是以身体为媒介的直接经验。看透事件，以主观现实的角度来观察现实时，最重要的是在现场的行动中深入思考。

直观个别具体现实的本质，通过跳跃性假设提出特定的概念，由此才有创新。但是，个别具体的现实是多种多样的，而且并不固定，经常变化。因此，我们自身也必须行动起来，进入当时的情境，读取其中千丝万缕的联系。

之后，我们便会发现现象之间的相似性，进而发现它们之间存在一种"除此之外不存在其他可能"的同一性，如此就能看透现象背后普遍的本质。而只有通过在现场参观学习，调动我们的身体五感，才能够不断积累隐性知识，并加以提取，最终正确直观事物的本质。这就是关根达雄说"答案就在车间"这句话的目的。

如果一个人既重视现场实践，又致力于积累直接经验、学习隐性知识，还能直观本质、通过跳跃性假设将经验转化为概念，那么我们就称这种人为智能强健型（intellectual muscle）人才（见图 2-3）。能够在现场的行动中深入思考的人，就可以作为充满知识与活力的智能强健型人才，实现创新。

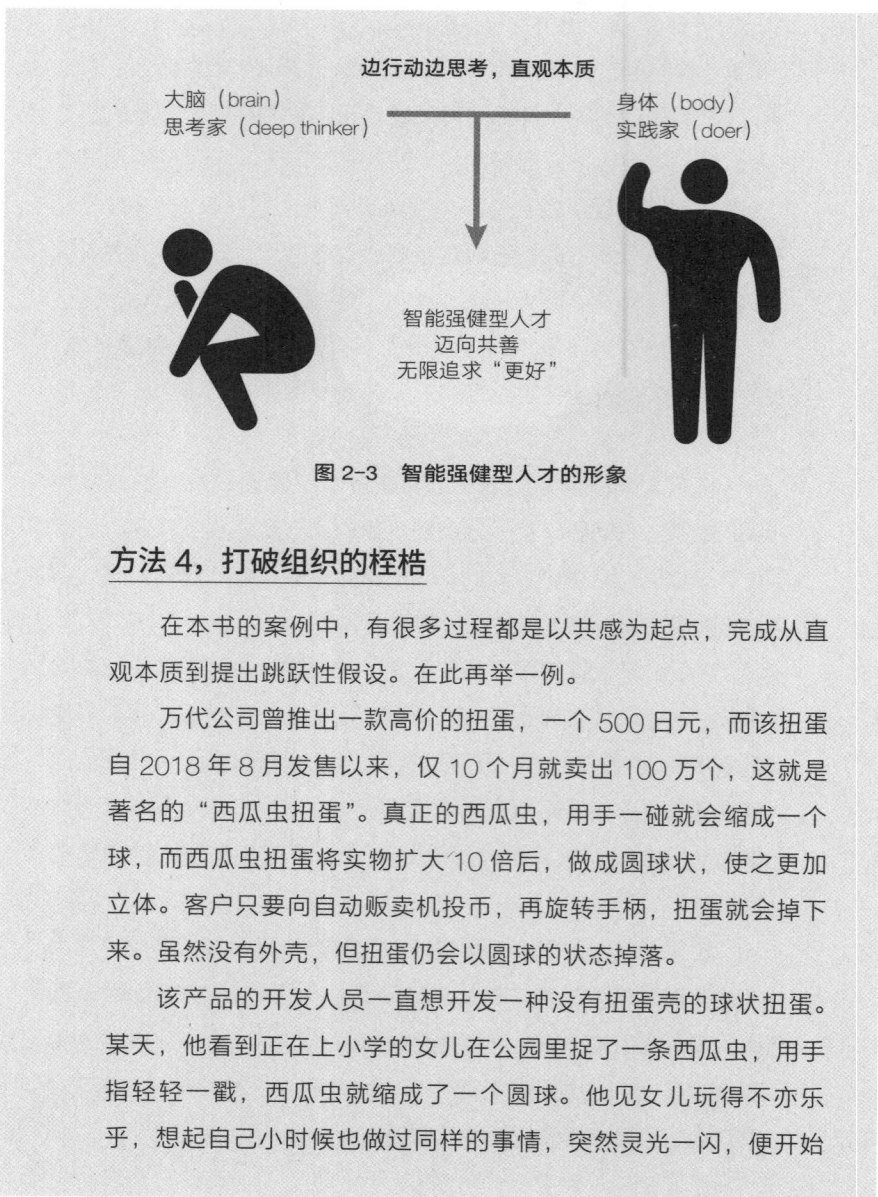

图 2-3　智能强健型人才的形象

方法 4，打破组织的桎梏

在本书的案例中，有很多过程都是以共感为起点，完成从直观本质到提出跳跃性假设。在此再举一例。

万代公司曾推出一款高价的扭蛋，一个 500 日元，而该扭蛋自 2018 年 8 月发售以来，仅 10 个月就卖出 100 万个，这就是著名的"西瓜虫扭蛋"。真正的西瓜虫，用手一碰就会缩成一个球，而西瓜虫扭蛋将实物扩大 10 倍后，做成圆球状，使之更加立体。客户只要向自动贩卖机投币，再旋转手柄，扭蛋就会掉下来。虽然没有外壳，但扭蛋仍会以圆球的状态掉落。

该产品的开发人员一直想开发一种没有扭蛋壳的球状扭蛋。某天，他看到正在上小学的女儿在公园里捉了一条西瓜虫，用手指轻轻一戳，西瓜虫就缩成了一个圆球。他见女儿玩得不亦乐乎，想起自己小时候也做过同样的事情，突然灵光一闪，便开始构思，这才有了西瓜虫扭蛋的诞生。

"这或许会成为最棒的无外壳扭蛋产品"。怀揣着这个想法，开发人员开始秘密在公司里制作模型。之所以要秘密进行，是因为开发人员认为即使自己提出了创意也肯定会被公司驳回。当时市场上售卖的扭蛋主要是面包超人等动漫人物的相关产品，与之相比，西瓜虫既不是动漫人物，外表也很普通，更没有市场分析的数据能够证明它会畅销。

但即便如此，开发人员还是没有放弃。因为当他看到女儿逗弄西瓜虫时，自己的童年记忆也被唤醒，进入了一种心无旁骛的境界。在那一刻，他彻底成为一个孩子，共感到了女儿的快乐，同时也直观到了西瓜虫带来的乐趣的本质。开发人员坚信，在顾客的心中，一定也有同样的记忆，他们一定也能和自己共享这份快乐。

即便在昆虫当中，西瓜虫也不像独角仙那样是一个"英雄"，而是"见不得人的"。正因为如此，当开发人员将目光聚焦于西瓜虫时，便赋予了它新的意义和价值。在此基础上，开发人员又开始大胆畅想：把扭蛋体积放大到实物的 10 倍，以一种圆球形态从自动贩卖机掉下来的场景，肯定会让人觉得不可思议，且一定会大受欢迎。于是，一个全新的跳跃性假设诞生了。

西瓜虫扭蛋的有趣之处无法用语言具体描述，它是一种本能的感受，也就是所谓的隐性知识，只有有过相同经历的人才会明白。因此，开发人员以严格保密的状态进行研发，最终在发表会上向参会人员展示了模型，引起了他们的共感，成功地得到了将其商品化的承诺。

回顾整个开发过程，有一点非常值得注意：开发人员并没有向上级报告，而是秘密地进行研发，从而避免了被公司的规则所束缚。这就是直观本质的第四个方法。如果在意公司的看法，也许会更关注产品的市场前景，那么开发人员就不可能站在孩子的立场上，以一种纯真的心态观察他们在公园看到的场景，也就不可能直观到西瓜虫扭蛋乐趣的本质。

日产汽车 Note e-POWER 的开发过程也是如此。正因为开发人员的无私奉献在部门活动中创造了一种自由的氛围，开发人员才直观到电机驱动这个动力源的本质在于速度感。如果有意识地从组织的角度去思考的话，他们就会被环保性能或者燃烧效率这类技术问题所困扰，也就不可能提出跳跃性假设和新的理念，进而让发电机研发团队和市场销售部参与进来，产生共感。

人类的意识有一种指向性，总是会朝向某一事物。如果人的意识向组织或者公司领导的意志看齐的话，那么不论面对什么现实问题，都不可能直观到事物的本质。

为了不被组织规则和公司内部的意识所束缚，我们需要具备强大的目的意识和问题意识。西瓜虫扭蛋的开发人员为了找到可以做成球状且不需要外壳的扭蛋的原形而不断探索；Note e-POWER 汽车的开发人员一直在追求电机驱动的全新可能性；读卖乐园的关根达雄也始终在思考如何唤醒沉睡中的员工的意志，如果关根达雄的意识受到组织的束缚，那么他也许会决定闭园并建造一个购物中心。

自身不断追求真善美，才能一直保持强大的目的意识和问题意识，这才是知识创造的原动力。

「 物 語 り 戦 略 」 で 輝 く 現 場

马自达，最小的团队产出最大的成果

就像日产 Note 的例子一样，世界各国的汽车制造商都在如火如荼地开展混合动力车型和纯电动汽车的研发。但马自达却在内燃发动机方面完善技术，走出了自己的路线。

马自达的新一代汽油发动机"创驰蓝天"兼顾汽油发动机和柴油发动机的性能，其燃烧方式为世界首创。与以往相比，这一燃烧方式实现了发动机效率的飞跃，为马自达的发动机赢得了"梦幻发动机""终极内燃机"的称号。

此前，奔驰、大众、通用、本田等车企都曾着手开发这项技术，但均中途放弃。马自达则克服种种困难，终于实现了突破。这其中，蕴含着开发第一代创驰蓝天发动机的技术人员的思想，即创造一台理想的发动机。

本书介绍的是第一代开发领导与技术人员的故事。他们产生了共感，认识到在不远的将来，世界仍然有对汽油发动机的需求，并以对成员的共感为原动力，实现了创新。那么，团队领导是如何看清事物本质的呢？

对未来人们共感而选择打磨内燃机

马自达为了制造世界第一的汽车，从零开始挑战，最终开创了"创驰蓝天"这种独家技术。这一独家技术的核心是创驰蓝天发动机，这是一台汽油发动机，但在降低油耗方面却不输混合动力车型的发动机。第一代创驰蓝天发动机发布于 2011 年，拥有革命性的世界第一的压缩比，可以大大降低油耗。然而，如果没有一个人的努力，这一颠覆常识的技术将无法实现。

这个人毕业于东京大学工学部航空工学科，这里培养了众多汽车技术研究领域的人才。进入马自达后，他在先行开发技术研究所任职，负责发动机研究。但是，尽管他全心全意地投身于新技术开发，提出自己的研究成果，却未能使这些成果商品化。他自称20年来都过着无聊的生活，而研究出世界第一的技术成为他前行的唯一动力。"难道我就这样毫无成就地过着普通上班族的生活，直到退休吗？"他一直在进行着反思。40多岁时，他终于迎来了"期盼已久的外压"：新的欧盟环保政策。

当时，马自达既没有混合动力技术，也没有纯电动技术，在环保方面已经落后于人。但根据预测，直到2035年，纯电动汽车的普及率也不会超过10%，90%的汽车还是会搭载汽油机、柴油机、混合动力机和嵌入式混合动力机等发动机。而且，纯电动汽车需要的配套基础设施将产生巨大成本，这一点在新兴国家体现得更为明显。由此，他想着要在不久的将来，为世界上需要内燃机的人们提供拥有压倒性绝对优势的发动机。郁郁不得志的他有了思想上的转变，而当他成为应对欧盟新环保政策团队的总负责人时，便将此前积蓄的能量全部释放了出来。跳跃性假设让他超越了界限，创造出了世界上独树一帜的发动机。

机遇总是能让优秀的人从幕后走向台前。马自达不像顶极车企那样拥有庞大的资源，因此必须走一条不同的路线，那就是在打磨内燃机上下功夫。这一行动获得巨大的成功，也引起了世界各车企的广泛关注。这个销量不足丰田1/8的"小企业"是怎样逆袭的呢？正是这个人起到了关键的作用。

带领停滞不前的团队重整旗鼓

这个人叫人见光夫,他作为常务执行董事,负责传动系(Power Train System,PTS)的开发等工作。这位体重超过 100 千克的大汉的口头禅是"不管是技术还是吹牛,谁都比不过我",这份幽默让他在公司里极具人气。大家都称他为"马自达的 Mr. Engine"。

人见光夫的人生逆袭始于 2000 年,那时他 46 岁,刚刚担任 PTS 开发总部的先行开发部部长。由于马自达与母公司福特共同开发发动机而拨出去了许多人,所以当时的开发部仅有 30 名员工。要知道,在顶尖的车企,先行开发团队一般都有 1 000 人左右,30 个人能做什么呢?他手下的员工陷入了工作停滞的状态。虽然也有人懂得计算分析,但只和商品开发部的订单业务有关。人见光夫表示:"大家没有参与谋划的意识,渐渐有了不满的情绪。"3 年后的 2003 年,公司进行了员工意愿调查,先行开发部的调查结果很差。

"不能再这样下去了!"当时,放眼世界,欧盟预计在 2012 年上线更加严格的排放标准。汽车行驶时的二氧化碳排放量必须在 120 克 / 千米以下。当时马自达的车型数据为 180 ~ 190 克 / 千米,想要符合欧盟的标准,就必须开发燃耗减少 30% 以上的新型发动机。

2004 年初,人见光夫下定决心,要将部门内消沉的氛围变革一新,他号召每个员工振奋起来,准备战斗。"要让发动机成为马自达的招牌。""这是先行开发部的员工必须考虑的事情。""我将带头进行变革!"就这样,公司掀起了新发动机的开发热潮。

展示方针及路线图

正是因为人数少，所以更能够集中意见，人见光夫采用的便是这一策略。问题虽然有很多，但有些问题一经攻破，其他一连串的问题也会随之解决，人见光夫把这样的问题找出，并集中到一起。他还把开发中遇到的焦点问题比作保龄球，称之为"首要问题"，只要将这些首要问题解决，其他问题都将迎刃而解。

那么，缩减燃耗的首要问题是什么呢？人见光夫曾在最空虚无聊的时候，从旁观者的角度研究过各个车企的燃耗缩减技术。他发现，无论哪一个车企，尽管相关技术名称不同，但目的殊途同归，即减少能量的损耗。

汽车能量损耗的主要形式在于尾气排放出的排气损失、发动机热发散后的冷却损失等4种。而可以调控这4种损耗的控制因素为压缩比、比热比、壁面热传达、吸排气压差、燃烧时长等7种因素。理想的状态是怎样的，又该如何实现呢？人见光夫将所有可能影响的控制因素都找出来，并据此绘制了一幅路线图，呈现给部下。人见光夫说道："如果说摆在我们面前的有100条路、1 000条路，那么我们可能会感到有些迷茫。但现在我们发现影响因素只有7个，这样就有了明确的方向，不会绕远路，即便技术门槛再高也能前进。有了路线图，我们就可以知道现阶段我们在哪。这就是为什么我认为即便是30个人也能够干出成果。"

为了让开发变得更有效率，人见光夫将计算解析组也纳入了主体研究团队。全员有了参与意识，到了第二年，民意调查显示，员工的工作热情有了显著提升。

用空前绝后的想法打破常识

新发动机的研发者将目标投向了"世界第一压缩比"。所谓压缩比，指的是燃烧室内活塞由下止点运动到上止点时，空气与燃料混合的气缸气体被压缩的程度，程度越高，力量越大。但是，高压缩比的混合气体在高压下会产生高温，一旦高于燃点就会自燃，导致爆震。因此，业界认为当时已有的技术水平已经探索到了压缩比的顶点，通常压缩比为约 11∶1。

人见下定决心要放手一搏，将压缩比提高到 15∶1，而试验的负责人犹豫了。其实试验中并没有出现多少令人害怕的状况，因为他们已将意料之中的所有风险都一一规避了。

人见说道："在不断提高压缩比的过程中，一些状况也逐渐突显了出来，因此，我们在某个阶段终止了试验。但是，如果我们想比别人更早有新的发现，就必须放手一搏。只有在谁都没有去过的地方走一遭，才能亲眼看见到底会发生什么，若发现了可以解释的现象，对技术人员来说，也是令人高兴的事情。"

正是因为想在怀才不遇的时代寻求自己的存在价值，想追求世界第一的技术，人见才有了空前绝后的想法。为了防止爆震，技术人员改善了排气管的形状与长度，以降低燃烧室内混合气体的温度。当然，最重要的是，提高压缩比本就是已经存在的研究课题。

人见说道："以前偶尔想到的技术，现在却成了改善燃耗的重要课题。对于我来说，这是过去经验的总结，之后就只等'外压'了。"

采用生产革新的构想

那时，企业的管理层也产生了危机感。如何应对欧盟的环保政策呢？即便困难重重，资源有限，他们也制定出了马自达独特的战略。

他们决定破例，为避免作战能力的分散投入，将所有内容都重整一新，将今后 10 年要开发的车型进行统一计划。在开发过程中，将各种车型的共同要素进行整合，建立通用结构体系，追求一个理想形态，同时通过变动要素来追求个性。在生产方面，灵活处理共通要素，将几种不同车型在同一生产线上进行灵活生产。

马自达兼顾创造性与效率，主张生产革新，在生产现场，要求员工主动提案。

人见提出了自己的一贯主张。他说，到 2035 年前，全世界的汽车销售总数将增长 2 倍，且增长的部分主要来自新兴国家。即便到那时，90% 的汽车也仍将是包括混合动力车型在内的内燃机驱动车型。

内燃机技术的提高对于保护地球环境也是一大贡献。既然研发目的在于使 7 种能耗控制因素达到理想状态，那么首先要做的就是生产出拥有世界第一压缩比的发动机。

公司高层对此表示了认可，并在 2006 年正式启动该项目。大量 PTS 开发本部的人员从商品开发部进入了先行开发部。推进公司发展的，是外在的压力和人见的信念。

新加入的年轻技术人员也有目标

当初由于组织里人员混杂，出现过不少否定论调，如"高压缩比一定会失败""应当采取精简规模的策略"。虽然采取小排量的精简设计是世界潮流，但是，人见根据过去的研究经验，确信那样做会导致高成本，不适合马自达。

一年后，总部新任部长到任，他表示："我相信人见的技术，我会全力支持他。"由此，公司内的杂音一扫而光。项目由人见主持并重新开启。他振奋地说："我不能辜负一直相信我的人的期望。"

在项目组中，有许多成员是根据上级指示从商品开发部过来的。他们质问道："为什么要费力走这样一条路线？"人见表示："最初的时候，大多数人都会认为应该去做大家都在做的事情。而我是这样说的：'难道你认为安安稳稳就能够生存下去吗？'缩减燃耗、降低价格，虽然做起来很难，但这是对客户有利的事，要做。"

不久，新来的技术人员便按照人见光夫的路线图开始工作了。对此，他表示："以前的技术人员只见低山不见高，导致业务停滞不前。然而我们的目标是山顶，虽然爬到山顶非常艰难，但唯有努力攀登，别无他法。之后，还可以这一顶点为基础，再向上攀登。同时我们还有路线图，因而能保证一直向正确的方向发展。"

2011 年 6 月，首次搭载了创驰蓝天发动机的马自达全新车型 Demio 正式发售，其燃耗为 30 千米 / 升，比肩混合动力车型。2012 年 2 月，除发动机外，搭载全新设备的新车型 CX-5 发售，在一个月内接到了高于计划数量 8 倍的订单，并在当年秋季赢得"日本年度最佳汽车"称号。

在这期间，马自达经历了全球金融危机、东日本大地震、日元升值等逆境，还遭遇了连续 4 个季度的财政赤字。如果到 2013 年 3 月仍无法逆转赤字局面，预计资金将不能调达。但随着 CX-5 的火爆销售，公司脱离困境，赤字转为盈余。

2015 年发布 Roadster 之前，马自达全新的 6 个车型均为同样的设计，保持着良好的销量，促使马自达业绩提升。就连丰田也注意到了这项低燃耗技术，与马自达进行了合作。

"如履薄冰，但万无一失。"人见感慨地说。

在世界各大车企都将目光转向电动化时，马自达却另辟蹊径，依然在内燃机技术上朝着可能的方向努力。2019 年 5 月，采用火花塞控制压燃点火技术（SPCCI）系统的创驰蓝天 -X 发动机问世，并搭载于新一代 Mazda3，在日本国内上市。

今后，仅搭载内燃机的车辆将会减少，也就是说，电动汽车将呈增长态势。但是，其中大半仍然为混合动力车型或插电式混合动力车型（PHV）。而不管是混合动力车型还是插电式混合动力车型，都必须使用内燃机，所以如果不能将内燃机的燃耗进一步减少，就不利于环保。

今后，马自达仍将顺着自己的发展路线，朝着人见的最终理想前进。一家公司选择做什么，可以与公司规模无关，超前的观念也能够让一家公司领先于他人。相信"小企业高明的作战方式"将在日本车企中激起千层浪。

提出跳跃性假设的 2 个诀窍

为了实现创新，我们需要在直观事物本质的过程中提出一种非连续性的跳跃性假设，让思维实现飞跃。那么，如何才能提出跳跃性假设呢？

诀窍 1，同时关注整体与部分激发创造力

一般情况下，发动机的压缩比约为 11：1，但是创驰蓝天发动机却将压缩比例设定到 15：1 的极限状态。正是因为这个跳跃性假设，发动机才能达到混合动力级别的低耗油量，实现技术创新。在整个开发过程中，需要特别注意的是部分与整体关系的螺旋式发展。

拥有优秀的知识创造力的人，在进行认知这一行为时，经常会反复观察部分与整体的关系。例如，医生一般会在了解患者的体温、脉搏、不舒服的部位、其他检测数据、X 光照片等基础上进行综合判断，确认整体病情。同时，医生也能够根据整体病情，对各个部分的症状对症下药。

我们在生活中和工作中也是如此。例如，当我们去夏威夷旅行时，一路上会看到各种事物，如人们在机场时被当地居民戴在脖子上的扶桑花花环、道路两旁的菠萝田、草裙舞表演等。我们会综合分析这些信息，最后得出一个整体概念：夏威夷是个"南

国乐园"。同时，因为这个整体概念，我们看到的每个部分也都有了各自的意义。

之后，当我们在珍珠港周边散步时，会看到亚利桑那纪念馆，这是一座为纪念在珍珠港事件中牺牲的士兵而建造的场馆。如果再综合这一部分的信息，我们就会得到一个更加宏大的整体概念：夏威夷是保障太平洋安全的一个据点。这也是夏威夷的另一个特征。

综合各部分的信息，就能得到一个整体的概念；同时，在整体中对部分进行定位，看待部分的方式也会发生变化。而思维一旦实现飞跃，就能提出跳跃性假设。看木见林，再看林见木，就会赋予木新的意义和价值，在此基础上产生跳跃性假设（见图2-4）。

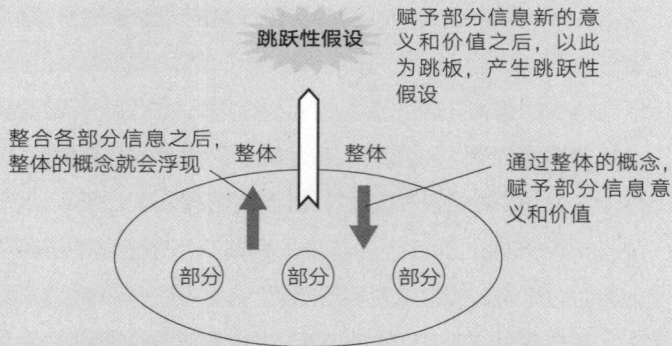

跳跃性假设

赋予部分信息新的意义和价值之后，以此为跳板，产生跳跃性假设

整合各部分信息之后，整体的概念就会浮现

整体　整体

通过整体的概念，赋予部分信息意义和价值

部分　部分　部分

图2-4　部分与整体的相互作用产生跳跃性假设

在马自达发动机前期开发的过程中，人见一直致力于解决个

别具体的问题。他自称,虽然感觉每天都在虚度时光,但其实自己一直在积累关于部分的知识。进入 21 世纪后,公司面临两大难题:在外部市场环境下,欧盟出台了环保政策;在公司内部,人见率领的团队研究上迟迟没有进展,停滞不前。

人见一方面意识到,在不久的将来,世界对汽油发动机仍然有巨大需求,并与有此需求的人产生共感;一方面又对停滞不前、没有参与意识的团队成员产生共感。于是他开始重新审视自己的行事方式和存在意义,不停地问自己:我为何而存在?我应该做些什么?

就这样,带着强烈的问题意识,人见将积累的部分知识串联起来,形成了一个整体概念。他领悟到,自己的目标是努力钻研,制造出最好的、最理想的内燃机。有了这个整体概念,关于能耗损失控制因素这部分的知识也就有了意义。

如果在压缩比的问题上只看部分不看整体,那么为了防止爆震,压缩比是不可以超过常规数值的。但是,人见的目标并不在于研发 HV 或 EV 车型,而是制造出最好的、最理想的发动机,这是他的整体概念。从这一概念出发,他重新定义关键因素,进而提出超乎寻常的跳跃性假设,向着世界第一的高压缩比的目标而拼尽全力,由此进入一个无人涉足的领域,实现了技术创新。

Note e-POWER 汽车的开发过程也是如此。技术人员积累了关于部分的知识,直观了电机驱动的本质,提出了一个整体概念:让驾驶员体验到电机驱动带来的快乐,而这种电机驱动只有走在了电动汽车开发前沿的日产才能制造。

研究再生制动器也是如此,如果只看部分,那么技术人员可能会将目光投向动能转换为电能时的性能变化。而正是因为上述的整体概念，作为让驾驶员感到快乐的要素，制动器才被赋予了全新的意义，进而提出了单踏板驱动这一跳跃性假设，最终带动了日产汽车的热卖。

Goodjoba!! 区的案例也说明了同样的道理。不论是产品制作还是娱乐，都凝结了人类的智慧，它们的乐趣在本质上都是一样的。所以，关根达雄才会提出"人类会在充满智慧结晶的事物上获得快乐"这一整体概念，进而将游乐园改造成学习知识的场所，赋予其全新的意义和价值，并最终提出融合娱乐与学习这一跳跃性假设。

我们在每天的工作中都会学到关于部分的知识。但是，如果只着眼于部分，就永远不可能创造新的知识。我们要探索每一个部分的意义，从相似性中找出同一性，直观事物的本质，进而推导出整体的概念，再在此基础上重新审视部分的意义。在日常生活中，通过反复观察部分与整体的关系，来激发自身创造力，才是实现创新最基本的认知方法。

诀窍 2，设立挑战性目标唤起全员共感

在创驰蓝天发动机的开发过程中，人见和成员的关系是一个很值得探讨的问题。人见决心开发新式发动机有两个原因：一是人见在认识到不远的将来人们共同需求的基础上，为了应对欧盟的环保政策，决心开发新式发动机。二是成员负责的都是转包的工作，参与意识不强，且不满情绪与日俱增。意识到这一点的人

见产生了移情，认为不能放任事态这样发展，而这也是他极大的一个动机。

因此，为了唤起成员的斗志，人见向成员描述了他的目标，即研制"最好、最理想的发动机"，并通过路线图将实现这一目标的途径展示了出来。此外，正式立项后，在听到从商品开发部调过来的新人因为任务太难而说起丧气话后，人见鼓励道："虽然要做的事很困难，但是为了客户，一起做正确的事吧。"最终，人见成功让每个人都成为研发团队的一员，大家共同向目标迈进。

这个故事告诉我们，为了将团队打造成有能力创造新知识的组织，领导者应该具备以下条件：

第一，设定一个目标，让所有团队成员都能与其共振、共鸣、共感，感受到乐趣，并通过分享这一目标，在团队里营造一种氛围。

在开发过程中，人见宣称新发动机要成为人们心中的标杆，"当人们提起马自达的发动机时就会想到它"，为此他设立了"世界第一的高压缩比"这一目标，但这个目标从未有人尝试过，团队所有成员也都是第一次经历。值得注意的是，人见故意设立了一个高风险且具有挑战性的目标，反而让团队成员更容易共享这个目标，从而因为共感团结在一起，在团队里营造出一种为达成目标而共同努力的氛围。

第二，领导者要具备讲好故事的能力。人见向成员描述了研制"最好、最理想的发动机"这一目标，并将实现目标的途径用路线图展示了出来，从而让成员认识到自己的工作在整体项目中有着怎样的意义和价值。而且，当成员看到路线图时，也会关注其中有没有自己直接负责的工作。也就是说，将每个人有机结合在一起后，就能找到一条通向未来的路线，实现研制"最好、最理想的发动机"的目标。由此可见，人见讲故事的能力是多么出色。

人见之所以会考虑用设定目标和路线图的方法将团队前进的道路可视化，是因为他一直在考虑如何将"虚度时光"的自己和曾经日渐不满的成员融为一体，形成一种"我—你"的关系。

在初代小行星探测器"隼鸟号"项目中，领导者设定了 5 个目标，且这些目标如果成功实现将会是世界首创，如采用离子发动机这项新技术在行星间航行，采用自动导航模式在宇宙中航行，在微重力条件下悬浮采样等。

正是将这 5 个目标紧密结合在一起，才能让"隼鸟号"飞往 3 亿千米外的小行星，采样之后再返回地球，最终描绘出一个完整的故事。因此，各个成员才能在整件事中认识到自身工作的意义和价值。此外，通过告诉成员，如果 5 个目标中有任何一个没能实现，那么整体目标也无法完成，成员就会主动关注不是自己直接负责的部分，一起为实现整体目标而努力。

我报道过的日本天马航空公司经营重建的案例也说明了同样的道理。2015 年，天马航空因经营不善，根据日本《民事再生法》申请了破产保护。当时，投资基金 Integral 公司的董事长佐山展生参与了公司的重建，并且亲自担任会长，主管公司经营事务。

佐山表示，Integral 公司的理念是"与投资方的员工一起建立好公司,通过提高企业价值,向投资者提供回报"。这是一家典型的具有日本特色的投资公司。

佐山亲自担任会长一事其实很容易理解。当初天马航空公司的员工跑遍全国的分店,却惊讶地发现"原来在他人眼中,天马航空公司是个极不稳定的公司",因此感到不安。佐山得知这一情况后,为了重建航空公司,便亲自担任会长一职。

佐山认为,如果和员工之间存在隔阂,公司就不可能成为一家好公司。因此,他每周都将带有照片的信息通过邮件发送给全体员工,让员工知道作为会长的他每天在做什么,考虑什么。如果邮件主题是去分店巡视,那么文中一定会写上遇到的员工的姓名;如果是参加员工的聚会,那么也一定会附上聚会的照片。不久之后,每周都会有员工邀请佐山一起参加聚会。在聚会上,佐山听取员工的真实心声,并记录下来,然后在每周召开的经营战略会议上立即商讨改善现状的方法。

在破产前,天马航空的航班准点率一直处于下位,因此佐山提出目标,要将公司的航班准点率提升到日本第一,且每次都会在邮件中反复提及这个目标。对此,佐山解释道:"对于销售额和利润这些目标,员工并不能真切体会到。员工需要的是一个容易理解的,并且只要努力工作就可以通过数字看到成果的目标。如果提高航班准点率,那么航班的搭乘率也会增加,相应地销售额和利润也会增长。所以,我在给员工的邮件里反复提及提高准点率这个目标。"

为此,佐山改变了管理体制。前任管理者都是自上而下地将决定好的事务传达给员工,而在新体制下,公司设立了以员工为主体的提高准点率委员会，让员工自己考虑改良对策，并自下而上将结果传达给领导。最终，在 2017 年和 2018 年，在全日本12 家航空公司中，天马航空连续两年蝉联航班准点率第一的位置，年度乘客数量也连续两年刷新记录。

以上这些案例告诉我们，作为领导者，要为自己负责的项目描绘一幅美好愿景，设定一个让所有人都能共振、共鸣、共感的目标，与成员共享愿景，营造出团结一致的氛围。同时，作为领导者，还必须具备与下属共感的能力。

「 物 語 り 戦 略 」 で 輝 く 現 場

「物語り戦略」で
輝く現場

第 3 章

在快速变化的市场中
打赢知识机动战

NTT 多科莫，农业与现代信息技术的完美融合

要在瞬息万变的市场中推广业务，公司的战略部门需要分析市场和竞争对手，从上到下向一线发布应对措施。但是只凭投入雄厚物资，以蛮力战斗，是无法应对市场的变化和波动的。

知识就是创造价值的源泉。在一线工作，运用知识应对挑战的能力变得越来越重要。这就需要我们根据情况灵活变化，运用知识去思考，迅速判断，机敏地行动和战斗。知识机动战是智慧之战，需要智力，但在许多情况下会演变成一线人际关系的冲突，因此人与人之间的共感意义重大。

日本最大的移动通信运营商 NTT 多科莫（NTT Docomo）的"农业女子"以推进信息通信技术在农业领域的应用为名，亲自到现场拜访农民、牧民和水产养殖人员。她们会与对方对话，使用"'好'的 3 种活用"的表达

方式，即"好厉害"、"好棒"和"好喜欢"，坦率表达自身的感受，与对方共感，并将其转化为销售中的巨大动力。

这一案例表明，即便是需要信息通信技术相关能力的商业活动，也需要以共感为基础的人格魅力。

后发企业无法与先行企业站在同一起跑线上

在 NTT 多科莫各营业网点，共有约 100 多位被称为"农业女子"的女性员工，分布在日本从北海道到冲绳的各个营业网点。她们组成了负责农业信息通信技术化业务的最前线销售团队，却没有正式组织，连领导都没有。凡是在工作上与农业有交集的人，都可以自行报名参加。

这一非正式网络组织于 2014 年秋天诞生，而故事要从 2013 年的一次人事调动说起。进入公司 20 年的大山莉香（现就职于日本电信电话公司），当时作为东京总公司第一法人营业部的一名员工，接到了营业部部长兼执行董事古川浩司（现为多科莫 Support 社长）的命令："我们还没有接触过农业方面的业务，你去攻下日本农业协同工会吧。"

大山莉香先是花了一年时间研究通信线路合同，然后与日本农业协同工会建立了联系。其间，她也走访了各大信息技术企业，寻求合作，但一无所获。

大山莉香说道："大型企业已经在农业信息通信技术化事业上进行了大规模投资。NTT 多科莫慢了一步，而且只有我一个负责人，所以大家都不愿意合作。即便站在同一起跑线，独立开发解决方案也不一定有用。所以我打算寻找能活用公司优势的农业业务，例如在智能手机运营业务上也能使用的农业刚需业务。"

打出"农业女子"的名号

就在这时，一个名为"移动牛温惠"的系统出现了，该系统由大分县一家名为 Remote 的初创企业开发，可以避免牛的分娩事故。当时，由于牧民无法在合适的时间帮助母牛分娩，所以经常发生小牛刚出生就死亡的事故。该系统用传感器监测母牛体温，一旦接收到分娩迹象就会发消息通知牧民。就在大山莉香受命销售移动牛温惠系统的同时，比她晚 7 年进入公司的滨森香织也被调来和她一起工作。

两人组队工作后，竟产生了意想不到的"化学反应"。在畜牧业界，谈生意的一般都是男性。由于女性很少参与销售，所以很多公司高层听说这件事后，都产生了兴趣。

在农业领域，女性特有的开朗会促进销售，所以两人决定将这项优势发扬光大。她们提议打出"农业女子"的名号，在征得古川浩司的同意后，在名片上注明了这一名号，并加上了各自的会员编号"001"和"002"。

两人走遍了全日本的 NTT 多科莫营业网点，推销移动牛温惠，不断寻觅沟通能力出色的女性员工，同时也拜托其他到外地出差的销售负责人挖掘人才。随着农业女子的知名度在公司不断提高，越来越多的女性员工开始毛遂自荐。

大山和滨森在拜访客户时，会换上连体工作服，穿上长靴，这是一种全新的体验。滨森说道："牧民很感谢我们，他们说，因为有了移动牛温惠，就不用时刻守在牛的身边了，也就能答应孩子去看运动会了。其他农业女子也表示，牧民能如此欣然接受商品，真是太好了。"

刚开始，农业女子中有一种快乐工作的氛围，但是随着她们在各地的活跃，有人不禁开始疑惑农业女子到底是什么，从而怀疑起它存在的意义。大山说："销售移动牛温惠是一项工作，可能会受到别人的评价。同时，我们也参与了防止母牛分娩事故发生这一社会问题的解决。这不仅仅是我们打出农业女子这一招牌后所获得的一项任务，更代表着公司的形象。我认为农业女子的定位就是这样。"

获得董事如职场导师般的支持

就在两人寻找下一个合作目标时，她们遇到了东京大学创投的初创企业Vegetalia。当时 Vegetalia 正在开发一款旨在提高农业效率的应用程序"水田感测器"（Paddy Watch），以及其他推进农业信息通信技术化的应用程序。该应用程序通过传感器测定水田的水位和水温，使用者就算没有亲自去现场，也能通过智能手机远程查看情况。

在新潟市，由农业生产公司接管老一辈农民废弃水田的案例越来越多，但是水田太分散，如何提高管理效率成了一个难题。为改善这一情况，新潟市政府咨询了 Vegetalia。

两人得知情况后立即赶赴现场。2015 年 5 月，新潟市政府、Vegetalia

和 NTT 多科莫进行联合试验，在其他农业生产公司的帮助下，在 300 块水田中安装了水田感测器等设备，以验证工作效率是否能够得到提高。令人刮目相看的是，在与市政府负责人会面之后短短两个月，合作便达成了。大山表示，高效率是农业女子独有的一个特征。

"假如从事自主活动的农业女子在工作时和董事建立良好关系，就能获得职场导师般的支持，由此就可以通过越级协商，一鼓作气使合作有所进展。"大山说，"我告诉董事，新潟市是国家农业战略特区，试验项目能够获得大量宣传，他就立刻点头答应了。我在坐电车时，花了几分钟就敲定了这件事。"

后来，农林水产省也参与其中，该项目最后发展成全日本有 43 个县参与的大型项目。

日本的各个地方也提出了各种解决方案。例如在九州，农业女子和当地的海苔渔业合作社联合开发试验项目，使用信息通信技术浮标测量水温和盐的浓度。农业女子的业务范围包含水稻种植、旱田耕种、水产养殖和养猪等，甚至还超越了农业范围，扩展到使用信息通信技术促进地方发展。农业女子的规模也在 3 年内增加到约 100 人，她们和地方政府、农业协会、初创企业等建立合作关系，不断在各地取得成果。

农业女子的成员半数以上都是进入公司超过 10 年的资深员工。不过，进入公司 1～3 年的员工也占了将近 20%，还有很多新员工加入。我们（主要指胜见明）还前往新潟市，与多科莫 CS（多以集中化服务方式掌管当地业务的子公司）新潟分店法人营业部的 035 号农业女子松本英里子进行了会面。

农业女子组织中的前辈会帮助新人

石本酿酒厂是日本人气酒品牌"越乃寒梅"的造酒厂，松本在新潟市的努力奋斗，始于和石本酿酒厂总经理石本龙则的一次偶遇。

2015 年，松本刚进入公司时，就被临时派往新潟分店接受培训。当时她在当地企业中四处奔走，想着要为新潟做点儿什么。她第一次拜访石本酿酒厂是在 11 月，由于负责人不在，她决定下次再来，便询问隔壁停车场的一群男人附近有没有可以吃午饭的地方，刚好石本就在其中，于是两人就一起吃了午饭。松本表示："我希望用 NTT 多科莫的技术帮助大家。""你有什么困难吗？"石本对热情畅谈的松本抱有好感，便认真倾听了她的想法。

当时，石本酿酒厂不想从其他县购买酒米（日本酒原料），而是想要在当地种植。当年 12 月，在松本正式被派任现职、成为农业女子的一员时，她提出将水田感测器用于酒米种植。由于当时县里没有这样的先例，她便从总公司借来器材，开展试验。

在精米程序中，酒米要是在削去表层时发生胴裂，就算报废了。那么，该以什么方式，用水田传感器的哪些材料，才能培育出没有胴裂的优质米呢？松本从头开始学习，拜访农家、石本酿酒厂、当地农业协会、县主管部门和县立酿酒实验厂，了解问题出在哪里，需要什么信息，从而不断改进试验。

农业对于松本来说是个新领域，她因为失败而灰心丧气也是常有的事。当与松本保持着联络的大山和滨森意识到这一点后，便介绍 NTT 多科莫东北地区分公司的农业女子 005 号金田直子与松本认识。金田是理学院出身，熟悉技术和系统，而东北地区也已先行推广了水田感测器。

松本在金田的帮助下，于 2016 年和 2017 年取得了成果，其中包括精确算出水稻在台风到来之前的收割期。水田感测器也逐渐被应用到了全县其他酒米栽培的项目中。

松本说："水田感测器能提高工作效率已经是众所周知，但是我想更进一步用它来提升酒米的品质。这才算是为新潟市带来新的附加价值。"

关于松本，年龄上要大一辈的石本这样评价："因为松本小姐有敢闯敢拼的热情，试验才会继续下去。从我遇到她的那一刻起，就感受到一种热情，让我忍不住想和她一起努力。"

采访时间是 2018 年 3 月下旬，而进入公司第三年的松本从 4 月起就要调到九州分公司，采访当天也是她最后一次拜访石本酿酒厂。

"之后会有新的农业女子接替我的工作。"分别时，松本和酿酒厂每一名员工拥抱的模样让人印象深刻。

国家项目物联网设计女性

同松本和金田一样，农业女子平时会通过邮件和社交软件共享信息，越过组织的藩篱互相合作。大山说："农业女子本身就是在小组内形成的纵向和横向的职场导师制度。"

其他农业女子也会像松本和石本一样，与客户建立超越工作利害的关系，共创价值。农业女子在"共享梦想"这一意义上，与他人缔结了一种美好的关系。

滨森表示："农业女子的命名本身就带有一种亲近感。单凭名片上印有的'农业女子002'，就能引起客户的兴趣，快速拉近与客户的距离。在交谈中，农业女子也会使用'好'的3种活用的表达方式，坦然说出自己的感受。这样不但能促进交流，也能加快工作进度。这就是高效的体现。"

另外，大山这样形容自己公司与大型信息技术企业的不同："信息技术企业的员工往往很难向客户说明系统原理。反观农业女子，则只需要简单地说'会发邮件告诉您的''放在田里就好了'。她们就像将技术和农业生产一线连接在一起的'翻译'一样。为了让不关心农业信息通信技术化和物联网化的人也能了解相关技术，就需要这样的翻译。"

将技术和生产连接在一起的"翻译"这一定位，让农业女子在2017年再一次进化。当时大山和滨森受邀，在区域物联网官民网的设立大会上讲述农业女子的案例。该网站设立的用意是由总务省支援地方政府和地方企业，推动当地物联网化。后来，他们还向总务省提出建议，启动"物联网设计女性"项目，为致力于在全日本推广物联网的女性提供培训。这个项目获得了批准。

培训集结了来自约40家企业和组织的物联网设计女性第一期学员。而后，65名成员被分成6个团队，多次开设工作坊，推敲物联网的企划案。2018年招收第二期学员，2019年招收第三期学员，目前项目仍在继续。

最开始只有两人的农业女子活动，最后发展成国家都参与的项目，且不断有新成员加入进来。

大山如此解读道："一旦完全实现男女平等，农业女子和物联网设计女性或许就会消失。不过，我们现在还可以使用'女性'这个词，所以想要善加利用，尽量多地解决一些社会问题。若能在工作中获得成果的同时，找到人生的意义，则是工作方式改革的理想结果。"

接受男女的差异，同时发挥每个人的能力，这也是多元化的一种形式。

日本环境设计，品牌化实现经济与环境的双赢

农业女子的案例说明，销售团队对于客户及合作企业的共感，成了知识机动战的主要推动力。与此相反，日本环境设计（JEPLAN）的案例，则说明是消费者、企业、行政机构和地方政府对于事业主体的共感，支撑着知识机动战发挥作用。

将不需要的聚酯服装当成原料，再制成聚酯，这个"以衣制衣"项目，引起了全球的共感，从而得以逐步拓展。这个项目与单纯的回收业务不同的地方在于，前者在开发独家技术的基础上，扩大回收规模，同时全力建立一种机制，让消费者参与其中。消费者既是使用人，也是回收负责人。让消费者尽可能多地参与之后，就能形成再生循环。值得注意的是，各方对项目的共感会转化为开启循环的原动力。

这个项目与单纯的回收业务还有另一个不同之处，就是前者拥有将回收

物品当成原料再制成商品的商品化模式。将再生循环可视化，会引起作为关键一环的消费者的共感。

知识在未来的企业资源中具有重大意义，该项目名为"地球环境防卫团"，这种引人共感的名称，又成就了另一个将共感化为资源的案例。

追求"不用一滴石油的社会"

电影《回到未来》（*Back to the Future*，1985 年上映）的最后一幕，主角马蒂从过去的 1955 年回到未来的 1985 年后，看到博士从未来搭乘迪洛伦时光机再次出现在他面前。观众看到，在未来，迪洛伦汽车经过改良，以垃圾作为燃料，不禁目瞪口呆，心想："这有可能吗？"

电影第二部则是主角乘坐时光机去 30 年后的 2015 年 10 月 21 日旅行，而当现实世界中的 2015 年 10 月 21 日逐渐逼近时，电影中描绘的未来究竟实现到了什么程度，也就成了一个话题。10 月 21 日当天，在东京台场，很多人都看见迪洛伦跑车从面前开过，而该车使用的正是废旧衣服制成的生物燃料。当时相关视频在全世界广泛传播。

迪洛伦跑车的登场源于一个男人的热情。初创企业"日本环境设计"的总经理岩元美智彦（现为董事长）在上大学时看到电影《回到未来》的最后一幕后，大受震撼。之后他便开始创业，并在 22 年间一直梦想着回收人们不需要的旧衣服和塑料制品作为代替地下资源的地上资源。据说 2015 年 10 月 21 日当天出现在现场的迪洛伦跑车，是岩元直接打电话给美国环球影城总公司，得到了对方的支持，才借过来的。

岩元说："我告诉对方，自己想要将迪洛伦跑车前往未来的 10 月 21 日定为资源循环日，许诺在未来构建一个没有丢弃物的社会。如今发生在地球上的战争、纠纷，多半是由地下资源的稀缺引起的，而我们眼中理想的循环社会，是回收利用之前被丢弃的有机垃圾，再制成聚酯纤维、塑料和燃料等物质，是只用地上资源，而完全不用一滴石油的社会。在这样的社会里，将不再有战争。虽然以上只是一个默默无闻的日本小企业的突然请求，美国环球影城总公司仍表示了理解和赞同。"

日本每年会丢弃约 170 吨废弃的纤维制品，其中 80% 都会被焚烧或掩埋。岩元原本的工作是将纤维贸易公司回收的塑料瓶制成再生纤维。之后，他偶然结识了东京大学研究生高尾正树（现为总经理），两人意气相投，使用 T 恤做试验，通过用酶将木棉纤维分解成糖，成功开发出制造生物乙醇的技术。岩元说道："后来我们发现，如果使用棉花，会因为无法解决细胞壁产生的问题而导致试验失败。而 T 恤经过染色处理，能使酶充分发挥作用。当时我们既没钱又没知识，误打误撞用了 T 恤做试验。这可以说是上天开的玩笑吧。"

获得良品计划的赞同

2007 年，岩元和高尾一起创业，获得爱媛县今治市毛巾加工业者的帮助，开始建设工厂。随后，他们开发出另一项技术，将聚酯纤维分解成树脂，并再次合成聚酯线。大部分衣物用的化学纤维都是聚酯纤维，假如能够落实循环再利用，就可以不用石油，而是以衣制衣。

岩元掌握这项技术后，就开始着手建立消费者参与的回收机制。他表示："我们的目标是改变社会。只要消费者有了行动，社会就会改变。关键在于机制的建立，要让消费者参与其中，就要在全国各地的门店设置回收箱，将回收变为生活的一部分。"

但是，即使岩元拜访了不少企业和政府机关，也难以获得对方的支持和理解。就在这时，岩元遇到了良品计划的总经理金井政明（现为董事长）。金井赞同地说："商家只卖东西的时代已经结束，将用完的东西都收集起来才是有意义的事。"岩元表示，亲自执掌无印良品商品开发的金井"懂得品牌在当下的意义"。

经金井介绍，岩元报名参加了日本经济产业省外围团体管辖的调查事业。在两次试验中，除了良品计划之外，永旺零售、丸井和 WORLD 等企业的门店也设置了回收箱。结果，总计有约 3 000 人参与其中，回收的衣服约有 17 000 件。试验证明，这一举动有着吸引消费者和增加销售额的双重效果，参与回收成了消费者光顾门店的动机，唤起了顾客的购买欲望。

岩元说："当时我真切感受到，消费者对丢掉穿过的衣服感到罪恶，希望衣服能够回收再利用。"

与合作企业"武士"般的相遇

此计划于 2010 年开始进行商业运作。"服福"（FUKU-KUKU）项目的名称，含有"将你的衣服化为地球之福"的含义。随后，在门店回收塑料制品，同时检验回收技术的"PLA-PLUS"项目也开始启动。以前，日本虽然有一般塑料产品的回收技术，却没有回收机制。

当时，岩元还在寻找拥有相关技术的企业，希望对方能给予自己大力支持。他到各家拥有技术的企业寻求合作，希望既能将自家的技术活用在回收项目上，也能为对方带来好处。他说道："每个组织中都有心怀共感并给予帮助的'武士'，就算一时遭到某个人的拒绝，我也要继续跟几个甚至几十个人见面。这是概率的问题，我要一直坚持到与真正的'武士'见面为止。"

2016 年 2 月至 3 月，在与环境省联合进行的试验中，总计有 42 家企业和团体参加了回收点的设置，以 7-11 集团和永旺零售这两家大型零售企业为首，家电零售店、家居店、咖啡店和快餐连锁店等也参与其中。在技术方面，岩元也和新日铁、三菱材料等日本代表性厂商及东京大学的创投企业携手合作。合作企业总数达到 150 家，参与回收的人数也达到了 500 万人。

将娱乐作为促进消费者参与的手段

值得注意的是，岩元等人还全力发展娱乐活动，以此促进消费者参与回收，为项目积聚人气。

让迪洛伦跑车出现在现场就是一个典型的例子。此后，岩元也举办了将迪洛伦跑车带进购物中心等活动，筹备了小孩子也能参与的企划，参加者必须自备自己不需要的衣物、塑料玩具等废弃物品，才能和迪洛伦跑车拍照留念或盖纪念章。

岩元这么做的原因有两点："人表示理解和会做出行动是两回事。假如有人说'地球很危险'，虽然这个观点不难理解，但要让人们行动起来，则需要从别的方面下手，那就是娱乐。欢乐会让人聚集并行动起来。当我们打出‘大家一起让迪洛伦跑车动起来’的口号后，在一个月内就收集到了之前一年的废弃物的分量。另一个原因是，举办活动使我们可以和企业中预算最多的营销部门通力合作。对方能够吸引客户，我们也能将事业经营下去。”

通过消费者的参与，将制造产品的"动脉"和"静脉"连接在一起，一个再生循环就能够产生。起点是消费者，接下来是作为回收站点的物流业门店。回收的衣物和塑料制品通过企业技术转化为再生资源，再由各家厂商制作成商品，供消费者购买，不需要了就再送去回收。

"循环一圈之后，就会产生不以石油为原料的产品。只要参加者或经营企业的数量随着循环不断增加，产品在价格上也会逐渐低于石油制品。此外，还有不用一滴石油的附加价值，这样就能打响品牌。"

岩元将一个涉及产官学①和消费者的项目称为"地球环境防卫团"，现在该项目已经与超过60家企业合作，形成了一个循环事业。岩元将其命名为"BRING"，持续广泛开展活动。BRING品牌的服装也会在市场上售卖，甚至打算进军时尚发源地法国。

岩元还有一个想法：从人们丢弃的智能手机中提取贵金属，制作2020年东京奥运会和残奥会的奖牌，这个想法已经实现。他还有一个正在运行的项目，是用回收的10万件棉衣生产生物喷气机燃料，在2020年让日本航空的喷气机使用生物燃料飞行。

岩元通过建立回收机制并融入娱乐活动，促进消费者参与，在确保获利

---

① 产官学，指产业界、政府和学术界。——编者注

的同时实现循环项目的螺旋式扩张，将项目品牌化。

这种扩张和品牌化背后的原动力，就是人与人之间的共感。通过消费者的参与，来努力推动社会的改变，展现出了共感时代的新商业模式。

经营讲义

是进行资源消耗战，还是进行知识机动战

VUCA 时代需要进行知识机动战

军事上的作战一般可分为消耗战和机动战。消耗战是指将战斗力发挥到极限，集中攻击敌方的战斗力中心，将敌人彻底消灭。运用这种方法需要先分析敌人的战斗力，制订明确的计划，再以数量压制对方，取得胜利。所以自上而下的、中央集权的科层制组织适合进行消耗战。

而说到商业领域的消耗战，或许是因为"消耗"一词给人的印象不佳，所以容易让人联想到"某某企业降价竞争的消耗战"这种不惜亏损的销售竞争，或是赔了夫人又折兵的竞争。不过该词原意是主力部队之间正面交锋的正规战斗。

商业上的正规战斗往往运用了逻辑分析式的竞争战略，如分析市场和竞争情况，找到自家公司的最佳定位等。而负责策划这些战略的，就是在商学院取得过 MBA 学位的战略人员。

反观机动战的作战方式，它是凭借迅速决策、准确调动、集中兵力来攻击敌方弱点，建立物理和心理上的优势，从而掌握主导权。消耗战拼的是数量，而机动战则是依靠智慧，根据状况使用不同的手段制胜。

《孙子兵法》提倡的正是机动战。孙子曰："不战而屈人之兵，善之善者也。"他认为理想的作战方法是，以最小的代价获得最大的胜利。《孙子兵法》所包含的"单点突破"制敌方略也是一种机动战方式。要想推行机动战，就需要分散式网络组织，将现场判断和实践摆在首位，并由每位身处一线的人自主思考、采取行动，以应对不断变化的情况。

若要在瞬息万变的市场中发展下去，就需要通过高速运转知识创造循环来创造知识价值，应用灵活的思考能力、准确的判断力和敏捷的行动力，打一场知识机动战。尤其是在战斗力有限的情况下，知识机动战就更加重要，所以我们需要引起重视。所谓知识机动力，是指为了实现企业的存在意义和管理者描绘的愿景，一线人才运用分散式领导策略，高速运转知识创造循环，同时配合当时的具体情况，做出最佳判断再执行的能力。

让我们试着用这套理论来分析 NTT 多科莫的农业女子案例。

大型信息技术企业为推进农业信息通信技术化而展开了耗资巨大的消耗战。与此相反，起步晚且实力弱的 NTT 多科莫农业女子团队只能采取知识机动战。有意思的是，在知识机动战中冲在最前面的是名为农业女子的非正式网络组织。更值得注意的是，这些农业女子将对他人的共感转化为了获得知识机动力的原动力。

石本酿酒厂的石本从第一次见到新潟的松本，就被对方吸引，接受了对方的想法。这让人想起孙子所说的"不战而胜"的最佳战斗策略。

松本在与客户共感的同时，意识到石本酿酒厂追求农业信息通信技术化的本质不仅是为了提高工作效率，还为了实现厂商自立，实现酿酒原料的自给自足，而不依赖其他供给。于是，她提出了自己的跳跃性假设，即"助力提升酒米的品质"。

另外，大山和滨森在短短两个月的时间里，就在新潟启动了提升农业效率的试验项目，让地方政府和初创企业参与其中。她们通过知识机动战使人们注意到国家战略特区，以此为突破口，动员各地的农业女子和销售团队在全日本发展。这就是"单点突破，全面展开"的模式，即先以机动战突破一点，再转为消耗战，最后取得全面胜利。

我们应当从农业女子身上学习知识机动战的作战方法。

开展知识机动战时，会出现什么影响因素？在机动战中，个人和组织都需要直观情况，准确判断形势，迅速做出决策并采取行动。因此，知识机动战的强度和优势取决于"节奏（质量 × 速度）"、"威力（质量 × 加速度）"和"精神"这 3 个要素的相乘所得。

首先是"节奏"。企业非常重视组织层级，但如果是一层层下达命令的形式，就无法开展机动战。就这一点来说，农业女子通过和董事共感缔结职场导师的关系，就是越过了组织层级，迅速做出决策。而同样以共感缔结的农业女子网络开始运转后，也可以通过横向合作获得支援，在纵向和横向两个层面发挥出了知识机动力。

其次是"威力"。员工在与客户、合作伙伴面对面时，往往会陷入旁观者的立场，试图通过分析掌握情况。不过，农业女子从与对方的共感切入，加速了知识共享。在影响他人的各种力量当中，共感力的威力最大，新潟项目的启动之快就是最好的佐证。

最后是"精神"。农业女子的行为是出于"解决社会问题"和"帮助别人"的共善意识，而不是出于权力导向或利己的意识，所以她们能与各式各样的当事人产生共感，散发吸引力。权力导向强烈的组织往往容易闭门造车，不过若这些组织的成员与农业女子建立了关系，也会因为农业女子的利他之心和植根于此的共感而敞开心扉。

通过知识机动战，每个人可以联系和拉拢各式各样的组织和个人，就如我们从农业女子身上看到的一样。这需要我们拥有一种能够利他和引发共感的行为方式。

唤起共感的工作方式是基于动词而非名词

农业女子的活动表明，工作方式也有"以名词为本"和"以动词为本"的区别（见图 3-1）。

以名词为本的工作方式是将组织端上台面，例如某公司对某市，某部门对某部门，或以领导和员工的层级关系为前提。反观以动词为本的工作方式，则是将目的意识和问题意识当作行动原理，例如"我想要如何做"和"我为了什么而工作"。

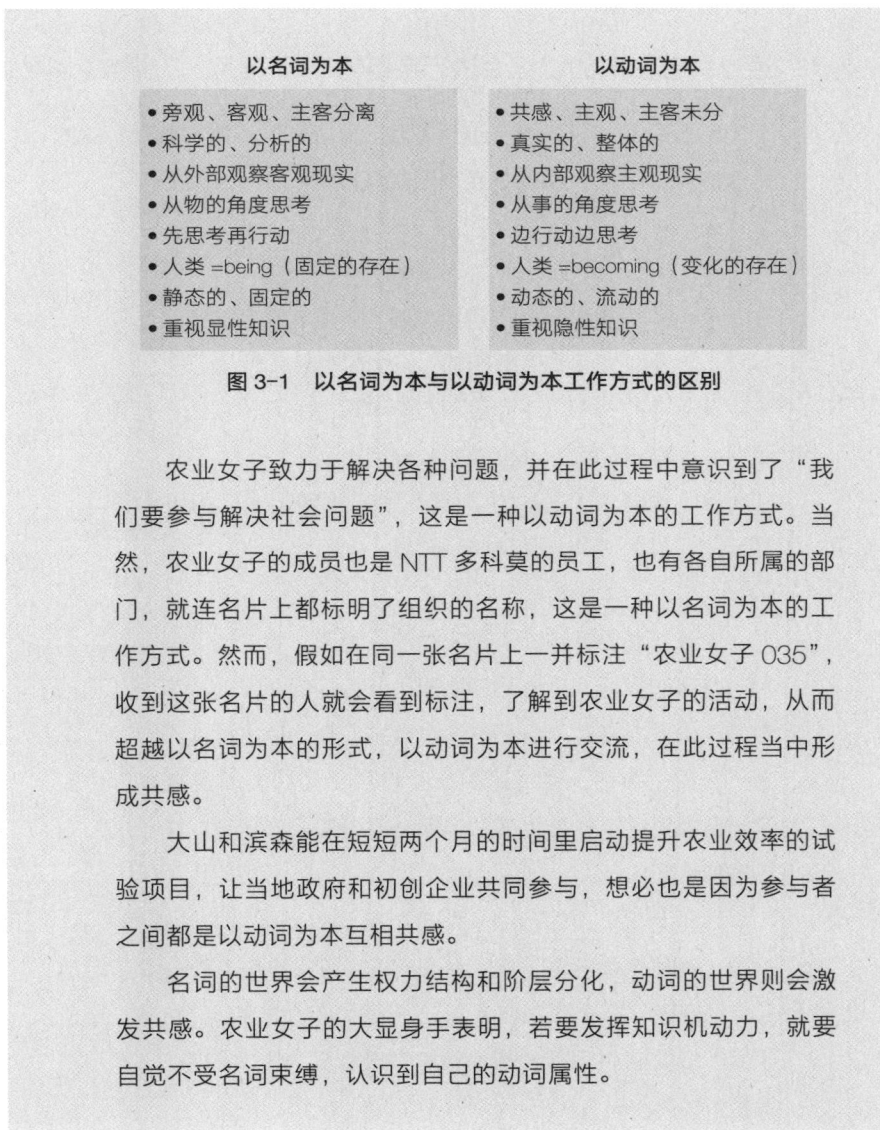

图 3-1　以名词为本与以动词为本工作方式的区别

农业女子致力于解决各种问题，并在此过程中意识到了"我们要参与解决社会问题"，这是一种以动词为本的工作方式。当然，农业女子的成员也是 NTT 多科莫的员工，也有各自所属的部门，就连名片上都标明了组织的名称，这是一种以名词为本的工作方式。然而，假如在同一张名片上一并标注"农业女子035"，收到这张名片的人就会看到标注，了解到农业女子的活动，从而超越以名词为本的形式，以动词为本进行交流，在此过程当中形成共感。

大山和滨森能在短短两个月的时间里启动提升农业效率的试验项目，让当地政府和初创企业共同参与，想必也是因为参与者之间都是以动词为本互相共感。

名词的世界会产生权力结构和阶层分化，动词的世界则会激发共感。农业女子的大显身手表明，若要发挥知识机动力，就要自觉不受名词束缚，认识到自己的动词属性。

通过共感形成的组织会进行自组织

自组织（self-organization）属于复杂系统科学的概念，指的是自然界中的某个系统中自发产生秩序的现象。自组织有以下3个特征：

- 可以自主行动的各构成要素自发地相互作用，形成更优质且高度复杂的、产生了秩序的组织。
- 各构成要素不是管理与非管理的关系，它们在自我驱动的同时会创造新的知识。
- 个体具有主动性，其产生的独特创意在组织中传播，并转化为整体的创意。

这个概念也可以套用在人类的组织上。组织或团队成员若要实现整体的目标，就要超越管理与非管理的关系，认识到自己的角色和价值。在激励自己的同时自主行动，以主体的观点建立承诺，产生新知识，通过这种交互作用，创造全面且有高度的知识。自组织中个体和整体之间保持平衡的状态，可以使创造力和效率都得到提升。

当然，一个人的行动依赖于组织当中的管理与非管理关系，不过，诱发个体承诺的是"场"，而非组织本身。农业女子活动的特征在于，每个成员自主行动，发挥实践中得到的智慧，这是因为农业女子是凭借共感缔结的"以意义为本的组织"，从而产生了"场"。

通过共感组成的组织会进行自组织。从农业女子身上我们可以学到，要打一场知识机动战，就需要成为分散式网络组织，由每个身在一线的个体成员自主思考和行动。成员之间凭共感缔结的关系越牢固，形成的战力就越强。

具备商品化能力就能掌控知识机动战

日本环境设计的案例又说明了什么呢？这则案例始于一个人的热情，通过以动词为本的相遇，将共感范围从日本扩展到海外。岩元经手的项目就如"地球环境防卫团"这个名称所示，起点落在了共感"地球居民"的第二人称视角。

他从本质上意识到"威胁地球的终究是地下资源的争夺战"之后，进一步探究从事纤维产业的自己"想要做什么"的第一人称主观想法，赋予服装新的意义和价值，提出"以衣制衣"和"完全不用一滴石油"的跳跃性假设。

围绕着地下资源进行的竞争属于权力斗争的范围，战力强劲的人才能操控。反观小规模的初创企业，假如要让活用"报废品"这一以地上资源为基础的事业步入轨道，就需要进行知识机动战，通过适时、适当的决策和战力的转移、集中，来掌握主导权。

尽管机动战在瞬息万变且高度不确定的状况下会发挥作用，但单凭机动战终究无法操纵战局，所以也需要消耗战。问题是，要如何在进行机动战的同时展开消耗战？

首先，大企业应提供帮助，以确保门店的回收再利用技术可行。对此，岩元四处走访企业，与愿意共感的"武士"相遇，以动词为本，形成第二人称视角下的"我们的主观"，再在第三人称视角下将其概念化和商业化。

其次，"改变社会"离不开消费者的参与。值得注意的是，为了营造"场"，和消费者在以动词为本的世界中相遇，他呼吁"大家一起让迪洛伦跑车动起来"，并举办了娱乐性强的活动，让人能够开心地动起来，扩大了共感圈。

想要在以动词为本的知识机动战中制造机会，与企业、消费者等相遇，就要从一个点突破，同时建立"循环再生"的知识生态系统，再通过扩大圈子，全力掌握主导权。这也要靠人与人之间的共感才能实现。

另一个值得注意的问题是，在追求理想的同时也不应该忘记追求获利，探究各种交易会产生什么价值，能否赚取利润。价值来源于事物背后的意义，消费者在看到店铺中用再生纤维制造的衣服时，即使从成品角度来说，这些衣服看起来跟石化纤维制成的衣服一样，但消费者会因认识到"不用一滴石油"这个事件的价值，对制造者产生共感，从而决定购买。

日本环境设计的商品化能力出众，懂得通过实体唤起共感。在以共感为本的社会型企业当中，要在开展知识机动战的同时，扩大知识生态系统，就要营造出消耗战的架势，全力操控局势。这则案例表明，此情形下的营销能力是一种强大的武器。

PDCA 在知识机动战上没有战力

PDCA 循环是商务领域知名的管理模式，指计划（Plan）、执行（Do）、检查（Check）、改进（Act）的过程。PDCA 循环的问题在于一开始会有明确的知识计划，但没有体现建立计划的过程，这是因为 PDCA 循环是一种追求效率的模式，适用于自上而下的消耗战。

高层和战略制定人员根据数据等资料，通过逻辑分析拟订总体计划，再细分为以数据为基础的各项计划和措施，并将其发布。一线团队会根据计划和措施运作 PDCA 循环，追求效率，但是上级提供的计划是以显性知识的数值为基础的，不会产生新的意义和价值。

另外，关于日本学校教育引进 PDCA 循环的计划，由于该计划过于复杂且背离现实，根本就是天方夜谭，因此并没有彻底落实。学校只有在验证任务时做过一些微观上的管理，却没有付诸行动去改善。在同志社大学商学院担任教授的社会学家佐藤郁哉批评道，这个词应该将大写和小写混在一起，用"PdCa"来表示，这一讽刺实在是一针见血。

显然，从逻辑分析推导出的 PDCA 循环，在知识机动战中没有战力。

在不断变化的现实生活中，我们每天都要面临矛盾，但没有人知道最好的解决方法是什么。因此，根据当时的情况追求更好的方法并消除矛盾的应变能力，就显得尤为重要。

如果将矛盾当成不相容的二元对立，追究某一方在逻辑上的正确而否定另一方，就永远无法推导出更好的解决方法。反之，假如对于对象产生共感，深入矛盾关系的脉络去掌握其中的状况，就会发现，看似对立不相容的事情，其实也是有关联的，在某些状况之下两者皆为正确，而且不存在一成不变的界限，可以说是二元动态的关系。所以我们在面对矛盾时不要两者择一，而要寻找双方并存的平衡点，为乍看之下矛盾的情况赋予新的意义和价值，从中提出跳跃性假设，求得最优解。

地方政府和初创企业的价值观往往存在矛盾之处，农业女子之所以能够协调两者对利弊得失的考量，并迅速建立项目，想必也是以共感对方为基础，进入矛盾关系的脉络，将矛盾视为二元动态的关系，才迅速找到更好的平衡点。

一线团队中的每个人不去遵循自上而下的 PDCA 循环，而是以自主分散的方式发挥共感能力，将矛盾视为二元动态的关系，找出平衡点，然后在矛盾关系当中发现新的意义或价值，借由跳跃性假设前往下一步，这就是知识机动战的作战方法。

「 物 語 り 戦 略 」 で 輝 く 現 場

「物語り戦略」で
輝く現場

第 **4** 章

叙事型战略，
实现共感经营的有效路径

花王，变不可能为可能的"史上最强"洗涤剂

如今的企业战略大致可分为分析型战略和叙事型战略。

基于既有的理论分析市场、竞争环境和公司自身，再通过演绎或逻辑分析推导出战略，这就是分析式思考。在这个过程中，不会出现身为经营主体的"人"。本书介绍的创新案例，都是在瞬息万变、充满不确定性的环境中获得巨大成果的项目或业务，它们以人与人之间的共感为起点，运用了直观本质或非连续性的跳跃性假设等构思方式。这些方式与逻辑无关，而源于人的想法和行为。

要追求共善，也就是探求什么才是好的，就必须以共感为基础，进入现实的情境，把握现象背后的本质。遇到矛盾时，找出二元动态的平衡点，做出最适合的判断后再执行，如此才能形成战略。叙事型战略，便是将人放在

了中心位置。

花王"Bio IOS"就是一个创新案例。自 20 世纪 60 年代表面活性剂开始作为洗衣剂的原料以来，花王使以往被认定为不可能实现的技术化为可能。本章还将结合 POLA 抗皱药妆 WRINKLE SHOT 的案例，解释什么是以人与人之间的共感为基础的叙事型战略，以及这一战略由哪些要素组成。

可持续性表面活性剂的开发

花王为浓缩洗衣液 Attack ZERO 的电视广告请来了日本 5 名当红的年轻演员，阵容堪称豪华。广告宣称，"Attack 洗衣液具有史上最强去污能力"。该产品在 2019 年 4 月发售，之后在 2019 年上半年日经 MJ 热门产品排行榜中名列前茅，为销售开了个好头。

这款洗衣液的去污能力会如此出色，要归功于花王耗时 10 年以上、以世界首创的技术开发出的"花王史上最强"洗涤基剂"Bio IOS"。作为基剂的表面活性剂是洗衣剂的主要成分，一般通过以下机制产生去污效果。

表面活性剂的分子结构就像一根火柴棒，易溶于水的亲水基团如同火柴头一样附着在易溶于油的亲油基团的一端。洗衣时，相当于火柴棒木棍的亲油基会吸住附着在衣物纤维上的皮脂等油性污渍，并包裹在表面上。接着，一端面向水的亲水基团会被水吸引发生移动，污渍就会离开纤维。无论污渍在哪里，都会产生以上反应，而衣物就是这样被清洗干净的。洗剂中表面活性剂的原材料是从东南亚的椰子和油棕榈的种子中采集的天然油脂，而花王之所以开发 Bio IOS，就源于对原材料稀缺的危机感。

Bio IOS 的研究开发工作由致力于基础研究的材料科学研究所中负责开发和应用的两个团队合作进行。执掌应用团队的首席研究员坂井隆也这样说道："在天然油脂的分子中，碳原子排列成锁链状，表面活性剂的原材料是碳原子数量在 12 ～ 14 之间的油脂。这种油脂在全世界所有油脂总产量中仅占约 5%，因此各大厂家竞相将其占为己有。预计到 2050 年，世界人口将会是现在的 1.3 倍，GDP 将会是现在的 3.2 倍。届时，人们的生活水平将会提高，对洗涤的需求也会相应激增。但是，森林采伐问题日趋严重，即使扩大油棕榈栽培面积，资源仍然有限。这不得不让人担心在未来供需平衡会遭到破坏，洗涤用品价格高涨，日常洗衣的开销变大。"

在世界上所有的天然油脂中，也有产量位居第一，但未被使用的其他油脂。坂井隆也继续说道："那就是从油棕榈的果肉中提取的、碳原子数量在 16 ～ 18 的棕榈油。棕榈油可分为固体和液体两部分，熔点低的液体部分可用于制作食用油；熔点高的固体部分则用途有限，且被认为不适合当作表面活性剂，主要原因是碳原子数量在 16 ～ 18 的分子不溶于水。表面活性剂的制作方法在 70 年前由德国确立，从那以后，资源问题一直没能得到解决。如果能够有效利用固体部分，将其当成原材料，就可以解决资源稀缺问题，制造出可持续生产的表面活性剂。因此，我们决定第一个挑战表面活性剂的历史难题。"

首次成功开发出的技术

2008 年，研发工作启动。尽管当时欧洲已经开始倡导可持续发展的理念，但美国和日本却还没有动作。研发之初，公司里就有许多人认为这样的研究就算做了也没人会认可。

　　研发工作的第一步，是从棕榈油的固体部分中分离出一种名为烯烃的液体物质，作为亲油基材料。以前业界认为，用碳原子数量为 16 ~ 18 的天然油脂制造烯烃是不可能的，但是开发团队花了 2 年时间，将不可能变为可能。

　　第二步是让名为磺基的亲水基与烯烃相结合，但是，亲油基碳原子的数量越多、连锁越长，表面活性剂的亲水性就越低，因此，将碳原子数量在 16 ~ 18 的烯烃与亲水基结合所制作出的表面活性剂很难溶于水。

　　鉴于此，开发团队将亲水基与亲油基的中间部分结合起来，这样就创造出了分枝状亲油基形的高亲水性分子结构——IOS（Internal Olefin Sulfonate），这也是世界上首次成功合成出的以天然油脂为原料的 Bio IOS。

　　但就在这时，新的问题出现了。在开发团队中起核心作用的堀宽说道："当初开发 Bio IOS 的主要目的是有效利用碳原子数量为 16 ~ 18 的油脂，但并没有预想其作为表面活性剂会有多大作用，因此，并没有计划过将其运用在洗衣剂中。除洗衣剂外，还有很多产品也会使用表面活性剂。换句话说，开发团队在探索功能的同时，也在看 Bio IOS 能够代替哪个产品的表面活性剂，但一直没有找到用武之地。"

实现亲水性和亲油性的并存

　　攻克这个问题的人是坂井隆也。坂井隆也带领的应用团队承担研究所和商品开发部门间的沟通工作，而他本人自 1992 年进入公司以来，就一直在研究表面活性剂。当时，他开始了对 Bio IOS 测算数据的调查。

在公司内部，反对 Bio IOS 开发的声音未曾平息。以往通常是由商品开发部门委托研究所做出这种材料，而 Bio IOS 的开发却是由研究所主动提出的，这种情况上一次出现还是在 20 年前。在与其他公司比拼产品的去污能力及其他功能的过程中，即使花王推出可持续生产的表面活性剂，客户的反应也不太强烈。因此公司内部出现许多反对的声音，还有人要求终止开发。

坂井隆也曾犹豫过要不要加快开发速度，而促使坂井隆也下定决心稳住脚步，继续下去的，是号称"中兴之祖"的前社长丸田芳郎的一句话。自1971 年以来一直担任社长长达 20 年的丸田，凭借经营战略将花王推上了世界级企业的位置。坂井隆也入职时，丸田正担任名誉社长一职。

"要以科学的数据为基础，坚持做自己认为正确的事情。"这是丸田的口头禅。

既然决定研发，就要不达成果不罢休。坂井隆也回归原点，脚踏实地地收集数据，持续调查。最终，他发现 Bio IOS 竟具有前所未见的功能，那时时间已经来到 2015 年。坂井隆也说："以往我们认为，表面活性剂的碳链越长，亲油性就越高，亲水性就越低，所以往往面临这两者的权衡。Bio IOS 通过将亲水基与亲油基的中部相结合，使长链被分成两段，变得更易溶于水，但亲油性如何尚不知晓。后来，我们在收集数据的过程中发现，分子结构的改变并不会带来亲油性的变化。换句话说，我们实现了以往表面活性剂达不到的功效，那就是亲水性和亲油性的并存，而且，由于 Bio IOS 的亲油性强，仅需少量就可以发挥表面活性功能。如此一来，我们就有可能实现从无到有，制造出新的洗衣剂，将 Bio IOS 的价值发挥到最大。"

世界最大厂商的建议改变了风向

对这一发现的肯定，自公司外也吹来一阵东风。同样是在 2015 年，世界最大的化妆品厂商宝洁提出，有必要将洗衣剂的表面活性剂实现可持续生产。

当时，宝洁已经取消了表面活性剂的基础研究，所以自身无法进行开发。"既然如此，花王就应该做世界的先驱。"坂井隆也引用宝洁的建议，持续在公司内部请求开发使用了 Bio IOS 的洗衣剂商品。赞同的声势不断增大，最终公司高层下定决心开始研发。借着这股东风，商品开发部门也开始了行动。

借助花王自主的矩阵运营模式开发量产技术

值得注意的是，早在开发商品之前，花王就已经在进行着以量产为目的的技术开发。这项工作的开始时间是 2012 年，当时 Bio IOS 的用途仍不明确，与堀宽组成搭档，负责量产技术开发的加工流程开发研究所主任研究员藤冈德说道："花王有一套被称为矩阵运营的机制，允许不同的研究所跨组织合作，创造一项商品或技术，Bio IOS 的技术开发就是其中的典型。在 2012 年，我们还不知道开发 Bio IOS 会有何用途，但等我们研究清楚之后再去开发量产技术，可能就晚了。我们可以预见碳原子数量为 12 ～ 14 的油脂原材料的不足，就对碳原子为 16 ～ 18 的剩余油脂原材料进行有效利用。大家就这一点达成了共识，即便不知道最终走向何方，也要一起尝试。

各研究所的一线小组组长也是这么判断的。"

Bio IOS 的量产技术开发也是困难重重。为了将液体烯烃与磺基相结合，必须先进行气体的化学反应，即便这一反应过程在实验室中能够顺利进行，但是实际使用工厂设备进行操作时，出现了固化的情况。开发人员即便花了一整晚准备实验，也常常在实验一开始就发现早已失败，有时本以为成功了，却在质量测评中被全部否定。

2018 年 11 月，两人的奋斗终于有了结果。当花王举行技术创新说明会来宣布公司在研究领域的新技术时，与人工皮肤技术一并被介绍的，就是 Bio IOS。令人惊讶的是，公司定下要发展量产技术的时间节点竟是在会议召开前 5 天。藤冈说道："遇到失败就重新建立假设，接着再失败，再假设。如此往复，最后终于提出了正确的假设。我们真的被逼到走投无路了。"

见证实验过程的堀宽也说道："如果不能量产，新的洗衣剂就无法发售，当时我们非常担心会出现这样的情况。"

2019 年 1 月，社长泽田道隆在 Attack ZERO 新产品发布会上亲自登台。他充满自信地说"花王提出了终极洗涤方案"，"这是一个将不可能化为可能的创新"，还宣布要在 9 个月内实现 300 亿日元的销售额，这是当时花王另一款产品 Attack Neo 已有销售额的 1.5 倍。

执着地不断开发，世界就会改变

在联合国峰会通过《可持续发展目标》（SDGs）之后，"可持续"这一理念在日本引起了高度关注。坂井隆也说道："在刚开始研发的时候，虽然存在对于可持续性表面活性剂的需求，但没有人对其表示关注。即便如此，标榜'提供洁净生活'的厂商，有责任阻止洗衣剂价格的成倍上涨。坚持不断开发新技术，也能借此机会完成商品化。如果半途而废，就不能掌控这个趋势。另外，这也体现了花王企业文化的结晶，即通过好的产品，为实现人们丰富多彩的生活做出贡献。"

藤冈和堀宽也有同感。藤冈表示："若没有同时进行量产技术的开发，完成时间还会延后。"堀宽表示："从这个意义上来说，从收集原材料到最终商品化，也只有完全执行矩阵式运营的花王才能做到。"

Bio IOS 在硬度高和温度低的水中也能发挥效果，因此可以在大部分地区为硬水地区的欧洲和一些处于寒冷地带的国家使用。坂井隆也等人的目标是让世界的洗衣剂厂商都采用 Bio IOS，实现全球化发展。"凭借一己之力，发明全球都能使用的表面活性剂，是我年少时就有的梦想，"坂井隆也说："要想解决资源问题，就必须让产品在全世界都能使用。我期盼将来人们会说，因为花王当时开发了新的表面活性剂，今天的我们才能够仍然以相同的价格购买洗衣剂。接下来，又是一个新的起点。"

POLA，开发 15 年的首个官方认证抗皱产品

"创造出日本第一款可以标榜'有效改善皱纹'的化妆品"，一位名叫末延则子的研究人员如此下定决心，并开始了研发之路。末延则子直到 35 岁前都是一个被埋没的人，而在之后的 15 年里，尽管一直被别人劝说"放弃吧"，她也不曾气馁，终于在 50 岁那年获得了前人未得的成就。

在那段时间，每次她午休到食堂吃饭时，背后总会传来恶言与嘲笑。但是她忍了下来："如果我生气，我们的努力就会付诸流水。"历时 15 年的研发历程展现的正是这样一个故事。

分析型战略不会让人感动，但叙事型战略却能做到这一点，因为它能唤起周围人的共感。WRINKLE SHOT 的开发虽遭遇了反对的声浪，但也在众多共感者的帮助下取得了成功。从许多人直接或间接的帮助来看，叙事型战略将全员经营变为了可能。

我们可以从这个案例中学到，领导者要想在充满不确定性的情况下创新，就必须扎根于自己特有的方式，并具备叙事的能力。

开发的故事让销售人员感动得流下泪水

日本 POLA 首次揭开了人体皮肤皱纹形成的机制，生产出了第一款经认证可改善皱纹的药妆：WRINKLE SHOT 抗皱精华液。虽然这款精华液一瓶标价 16 200 日元，但在 2017 年 1 月 1 日首次发售之后，当年的年销售额达到 130 亿日元，比预估的年度目标 100 亿日元超出许多。并且，它还在日经 MJ 热门商品排行榜中名列前茅。

WRINKLE SHOT 的开发时间长达 15 年，且开发过程困难重重。研发团队克服了一个又一个阻碍、问题和压力，最终完成了任务。负责销售的产品经理山口裕曾如是说道："如果把耗时 15 年的开发比喻为接力赛，那我们就是接力赛中最后一棒的选手。若没有率先抵达终点，研发团队的辛苦就得不到回报，我们为此深深地感受到了责任的重大。"

POLA 一直采取的是让女性销售员 "POLA LADY"（后更名为 Beauty Director）登门推销的销售方式，虽然现在销售平台的重心已逐渐转移到连锁店或商场专柜，但全国仍有 45 000 名 POLA LADY 站在销售一线，这一销售形态仍然没有变化。

山口率领的销售团队为了产品发售，与研发人员在一个半月的时间里走遍了全日本 150 个地方，告诉了当地销售员开发时的种种艰辛。山口继续说道："这是日本第一款能改善皱纹的药妆，仅从这一点就可以预想到它一定会畅销。只不过，我们的任务是将品牌的地位变得更加稳固，所谓品牌，就是厂商出于带给客户喜悦的信念而付出努力的、近乎执念的智慧结晶。我想将这份信念传递给与客户面对面的一线销售员。她们很是感动，听着听着就流下了泪水。这非常令人感慨！研究员付出了许多才开发出这样的产品，所以可以骄傲地说：'就是因为怀着这样的信念，我们才开发出能改善皱纹的产品。'这对销售员而言也是一种荣耀。我认为她们的泪水出于对这份荣耀的感动。"

让我们来看一看，这个让 45 000 名销售员产生共感的长达 15 年的信念接力赛到底是如何进行的。

以苦恼于皱纹的女性与研究人员之间的共感为起点

集团公司 POLA 化学合成工业研究所一直负责产品研发的工作，其于 2002 年开始研发 WRINKLE SHOT。当时，末延则子（现任执行董事、新领域研究中心科长）调职至化妆品部门担任开发团队领导，而在此之前，她待在医药品部门长达 11 年，将化妆品商品化的经验为零。

末延以药学系研究生的身份毕业后，马上收到了某家工厂的录用通知，但是她以"想要制造能直接送到消费者手上的产品"为由拒绝了。尽管当时最佳求职期已经结束，她仍直接与 POLA 人事部联系，最后成功入职。

末延被分配到医药品开发部门时，POLA 的相关业务刚刚起步，专业人才很少，如果有不懂的地方，只能去请教公司外部的专家。然而，即便已经开始研究某个项目，每次遇到高层更迭，项目内容也会在短时间内改变，这也让她沦为拿不出成果的"被埋没的人"。有时，她也会焦虑不已，甚至向上级提出抗议。

不久，末延想要挑战新事物，而不想仅仅完成既定的工作，于是提出了调职申请，被分配到新成立的皮肤药剂研究所。这是她第一次从事化妆品的开发。

那一年，POLA 的创办人，同时也是第三任社长的铃木乡史（现为宝娜奥蜜思控股公司社长）发布《新创业宣言》，以促进企业的改革，内容包括"贯彻客户至上的原则""业务的选择和集中""组织风气和管理上的变革"。从此，登门销售的方式转变为开店迎客。

"研究所也想挑战新事物""创造新价值是我的分内之事"，末延下定了这样的决心，也认识到一个现实，那就是化妆品部门的研究人员正陷入一种两难的局面中。针对女性"抗皱"和"祛斑"这两大护肤烦恼，其中能够明言有效祛斑的药妆已得到认证。但有效抗皱的药妆当时还没有出现，日本的药事法中也没有明确改善皱纹相关的标准范畴。

要想改善皱纹，化妆品的有效成分就必须作用在比皮肤表皮还要更深一层的真皮上。因为真皮里有血管和神经，所以有效成分还必须具有很高的安全性。而且，就算能够找到作用在真皮上的有效成分，并申请了药妆认证，也未必就能获准进入市场。

当时，无论制造哪种抗皱相关产品，都只能间接地表明其可以"增进皮肤健康"，而不能真正地得到有关部门的认证。但现实却是，30 岁以上的女性中有 70% 为皱纹所苦恼。末延说道："既然如此，我们就要找出有效成分，生产出药妆并得到认证，光明正大地说出'能够改善皱纹'。如果解决了这个问题，就能造福更多女性。这一切始于研究人员多年的信念以及对为皱纹所苦的女性的担忧。但是很快我们就遇到了问题，因为皮肤形成皱纹的机制尚未明晰。"

从一种白血球中分泌出的酶是产生皱纹的元凶

世界各地的研究人员针对皱纹的形成机制做过各种各样的基础研究。一般来说，开发一种含有有效成分的新药妆，需要花上 10 年时间和 10 亿日元的资金，且最终还未必能够达到目标。

为了降低风险，人们通常的做法是以先行研究中的权威论文为基础进行后续研究，末延周围的专业开发负责人也建议"最好对已知能改善皱纹的成分进行进一步开发"。然而，末延仍然坚持己见，决定自主开发。

她说："我们的目标是研发出可以自豪地说'能够改善皱纹'的最有效的药妆。既然要创造前所未有的产品，就要心无旁骛地从零开始研究。这是一项需要脚踏实地的、繁重的工作。"

当时，研究所正将研究重点放在已经发售的美白药妆的开发上，这类产品具有淡斑的功效，非常畅销。反观末延的团队，则是一个史无前例的、不知能否成功的抗皱药妆开发团队。当初，这个团队里只有 4 个人，除末延之外都是 30 岁左右的年轻人。与美白药妆研发团队相比，末延表示自己的团队可谓"二流团队"，不过，这个团队仍充满了活力。

研究要脚踏实地，团队成员需要用显微镜仔细观察和比较有皱纹和没有皱纹的皮肤，并不断重复这些工作。若末延看出团队成员因过于认真，以致视野窄化，便会从完全不同的角度进行指导，让他们做到灵活多变。

在不断比较的过程中，他们发现了一个现象。在皮肤有皱纹的地方，聚集了许多中性粒细胞，从中还产生了许多被称为中性粒细胞弹性蛋白酶的物质。中性粒细胞弹性蛋白酶会在机体发炎时分解异物，因此，团队成员决定将该蛋白酶撒在皮肤组织上。结果，他们发现真皮成分中的胶原蛋白和弹性蛋白被酶分解，皮肤变得粗糙。在这一瞬间，他们意识到引起皱纹的原因是特定的："平时，皮肤暴露在户外的紫外线之下，会引发微弱的炎症，这会让中性粒细胞误认为是伤口。中性粒细胞弹性蛋白酶是把双刃剑，它不仅会分解异物，也会将真皮中的某些成分当作异物分解，从而产生皱纹。不过，仅仅发现这个现象还不够，还要找到抑制中性粒细胞弹性蛋白酶作用的抑制剂，并证明该抑制剂有抗皱作用。这需要我们继续踏踏实实地工作。"

从巧克力薄荷味冰激凌获得灵感

可供选择的抑制剂多达 5 400 种，其中包括药品、植物萃取物和微生物的代谢物等，研究团队必须逐一检验它们的抗皱效果、安全性、颜色和气味等条件。最后团队得出结论，4 种氨基酸衍生物合成后的材料 NEI-L1 效果最好。那是在 2004 年，他们已经研究了两年，但当时连评估皱纹是否改善的评测方法都没有，因此一切标准必须由他们自己制定。

就这样，皱纹形成的机制首次被揭开，对抗皱纹的有效成分也得以发掘。接着，研究团队将接力棒交给了负责制剂的团队。然而，等待后者的却是更大的困难，那就是有效成分必须搭配其他材料，制成乳状或液状。

在制剂的过程中，团队在对 NEI-L1 的处理上遇到决定生死的难题。大多数化妆品都含有水分，但 NEI-L1 却极易被水分解，具有不稳定性。团队负责人桧谷季宏（现为知识产权及药事中心药事小组负责人）说道："制剂用的材料有数百种，但逐一尝试后却发现它们都不能顺利让 NEI-L1 的品质保持稳定。我们走遍了日本各地的大学寻求帮助，也没有找到解决方案。"

公司内部也有人因此感到绝望。高层多次要求终止开发，末延在员工餐厅里也会听到"不撞南墙不回头"的声音，但她还是坚持了下来。"我们向高层说，这次使用的方法失败了，下次我们会汲取教训，每一次我都会展现自己的计划，并解释结果是从一件又一件事情的积累中得出的。"

末延走访大学时的态度让桧谷印象深刻。虽然每个月她的拜访人数只有一两位，但令人惊讶的是，末延会通读所有拜访对象所写的论文。桧谷说道："若不了解这个专业，读相关论文时就会像读天书一样不明所以。即便如此，末延仍然表示'如果不好好了解对方的研究内容，会很不礼貌'。身为一个年轻妈妈的末延，会在凌晨 3 点半起床研读论文后直接去上班。她的工作日程总是让人纳闷她哪里有那么多时间。也正因如此，她才能准确地向老师们提出问题，让人佩服。领导身先士卒，不惜花费时间和努力，她的行为也激励着我们前进。"

事情在突然之间有了转机。那是在两人走访大学的第三年，也就是 2006 年初，在拜访神户某研究机构期间，桧谷在吃完午饭后，看到了店内巧克力薄荷味冰激凌的形状，灵光一现。桧谷说："巧克力点缀在冰激凌中却没有融化，相同道理，只要 NEI-L1 以固体形式分散在以油脂成分为主的材料中，不就可以了吗？这其实是一种很朴素的方法。"

经过 3 年的数据收集，在开始研发的 7 年后，也就是 2009 年，团队终于着手申请药妆认证。

看不到前途的努力

正当大家期待着药妆认证申请得到批准时，意想不到的事情发生了。2013 年 7 月，也就是申请后的第四年，嘉娜宝化妆集团推出的美白化妆品引发"白斑事件"，使用者的皮肤上出现白色斑点，批准该产品上市的行政部门遭到问责。当末延与厚生劳动省的负责人联络时，对方表示："如果不重新评估药妆标准，就无法继续向前推进。"从而完全停止了对药妆产品的审核。

尽管如此，研发团队仍然没有放弃，而是坚持彻底地进行了安全性试验。他们让 120 个志愿者连续使用产品一年，以证实没有副作用，又反复进行各项试验，甚至连合作的医生都惊讶地问："还要做试验吗？"

这也可以说是研发团队的一套模式，从末延的思考和行动中就可以看出这一点，因为她"实在是过于胆小"。家里的大门上锁后她一定会检查两次，甚至途中还会折回来再检查一遍。在研发过程当中，她也同样小心翼翼，要求团队一定要认真仔细。要试验什么，且到什么程度才可以？还需要什么样的数据？是否所有的方法都考虑过了，有没有疏漏？她要求团队成员不惜时间和精力，将所有能想到的风险都避免。而且，末延对成员也很严格，团队成员花了好几天取得的试验数据，她会在 5 分钟内就推翻。但同时，经过彻底确认的部分，如果得出了自己可接受的结论，那么就算有风险，或被周围的人反对，末延也绝不妥协。只可惜，团队给出了详细的数据，厚生劳动省也没有要批准的意思。

"不以药妆的形式申请批准，而以化妆品的形式申请怎么样？"高层想要尽快看到成果，末延却没有理会这一提议，她表示："我希望自己可以自豪地说出这款产品'能够改善皱纹'，而这一想法也支撑着 POLA 的女性销售员。如果以化妆品的形式申请，我就说不出这样的话了。在我们的计划中，除了药妆，没有其他任何选项。"

虽然看不到未来，但团队成员的想法却出奇地一致。桧谷说："虽然也有着不安，但我仍想坚持到最后。我从没有想过放弃。"

经过一连串的考验，从前的二流团队逐渐成长为受人称赞的出色团队，人们惊叹道："为什么这个团队会聚集这么多优秀人才？"

连结起众人的共感是知识创造的原动力

2016 年 6 月，等待了 7 年的批准终于下发。接下来，接力棒传到了生产工厂。尽管制造无水制剂很困难，但末延说："工厂的工作人员都知道我们的辛苦，所以也都尽了最大的努力。"

同时，在 POLA 公司内部，山口率领的由商品计划、销售、设计和宣传组成的跨部门团队也行动了起来。

经历 15 年的艰苦探索终于看到光明的研发故事，也被纳入产品设计之内。在黑暗的宇宙中探索，终于看到光明，这就是 WRINKLE SHOT。产品藏青色的瓶身代表宇宙，金色的瓶盖代表星星，橙色的 Logo 和包装盒代表太空宇航员，商标也采用了手写字体。山口如是说道："这代表一种契约。作为接力最后一棒的女性销售员会告诉客户，尽管研发过程很漫长，还遭人质疑，但 15 年来，怀揣着火山喷发似的激情，研发终于成功了。我们可以自豪地说出，POLA 的产品可以改善皱纹，而这份骄傲就以手写字体来表示。"

经过 150 次销售员培训之后，产品于 2017 年元旦正式发售。虽然有的连锁店为个人经营，不过全国各地的店铺仍统一将元旦作为发售的第一天。位于东京的百货商场专柜从元旦起，顾客络绎不绝。

同年 6 月，资生堂也发售了一款抗皱药妆，并宣称该产品能够促进真皮结构之一的玻尿酸生成，且一瓶价格为 6 240 日元，相当便宜。这款产品在药店的销售网络很广，也取得了不错的销量，但是山口说："WRINKLE SHOT 的销售完全不受影响。"

有一个小插曲能说明这件事。发售了 10 个月后，公司对消费者进行了调查。"听说 POLA 在研发这款产品时遇到了许多困难，付出了很多努力，所以我买了。"山口听到消费者这么说，心想"这件事终于被大家知道了"，感到团队的辛苦终于有了回报。山口说："优异品质的背后，是人的付出和努力。客户追求的不只是品质，还有对工作人员背后付出努力的共感，因而产生信赖。这次的产品销售让我认识到了这一点。"

末延也收到了销售员寄来的感谢信和工厂传来的"绝对不会断货"的反馈，这些反馈和信件都被张贴在了研究所的食堂里。

末延说："这些都是我们之间产生的共感。"2017 年底，末延荣获《日经 WOMAN》杂志颁发的年度女性大奖。15 年里，尽管遇到困难也不曾放弃，同时鼓舞着团队的她，理应得到这个荣誉。

企业经营总会伴随许多困难，而只有以众人的智慧和知识去克服困难的企业，才能成功。末延的成就告诉我们，在知识竞争时代，连接起众人的共感才是产生知识的巨大原动力。

经营讲义

是追寻企业存在的意义，还是在竞争中胜出

分析型战略的局限性

人们对战略的定义有许多种，并没有所谓正确的唯一答案。提到企业经营中的战略，人们往往会想到的是如何打败竞争对

手，提高利润，存活下来。也就是说，战略的目的就是确保企业的竞争优势，从而持续发展。

在以往的企业经营中，人们主要通过分析市场环境和公司内部的资源，来制定美国式科学理论下的竞争战略，这就是分析型战略。其中，具有代表性的是哈佛商学院迈克尔·波特（Michael Porter）教授提出的竞争优势理论——定位理论。

定位理论以经济学中的产业组织理论为基础，认为"市场结构决定企业行动"。公司在筹划竞争战略时，需要在判断自己对市场有什么吸引力之后选择市场，找到自家公司在这个市场中的最佳定位。为了在判断时能够理解市场的构造和变化，波特提出了"五力模型"。这 5 种力量分别为：供应者的议价能力、购买者的议价能力、进入者的威胁、替代品的威胁、现有竞争者。由此可以分析业界的竞争环境。

然而，以波特的竞争优势理论为代表的分析型战略却存在以下几个局限。

第一，作为经营主体的人的信念和价值观，以及基于此产生的企业存在价值和组织愿景等人文成分没有被提及，从而失去了共享隐性知识所形成的知识创造的空间，是一个缺少人的因素的战略理论。随着知识在企业经营中的重要性日益提高，如果忽视作为竞争力来源的知识，那么定位理论的有效性会令人怀疑。

第二，面对现今市场环境中的 VUCA，分析型战略是无法有效应对的。

基于既有的分析数据等内容，以静态和固定的方式进行的战略分析，在这样的环境中具有局限性。波特等人设立的摩立特集团于 2012 年破产就是一个象征性事件。

第三，科学的分析型战略以自上而下的管理为前提，无法充分利用一线积累的隐性知识。高层以及没有一线经验的策划部门以分析显性知识为基础推出计划，并要求现场实践，显然是行不通的，最后只能导致计划与现实的背离。过度分析、过度计划导致一线疲敝，这就是日本企业的现状，也是分析型战略自上而下的模式所导致的结果。

叙事型战略与分析型战略的区别

与不包含人的因素的分析型战略相反，叙事型战略将人放在了战略策划和执行的中心。而且，就如前文所言，叙事型战略可以想象成动态的而非静态的战略，即"叙述战略的行为"，因此用到了动词形式的"叙事"，而非名词形式的"故事"。

这种战略在各个方面都与分析型战略截然不同。

首先，分析型战略将眼前的现实与自身都对象化、抽象化，基于分析来科学策划、规定应该采取的战略。叙事型战略则会在每一次生成新的故事，故事中的所有人都参与到了战略中，将经验与相关的人共享，探寻自己应该怎么做，从而在互动中产生成果。这就是一个战略的形成过程。

其次，分析型战略的科学方法论是以数据或数字为基础，进行科学的逻辑分析；而叙事型战略则是解释现实，追寻意义所在。

最后，分析型战略追求唯一解。与此相对，叙事型战略则将个别具体现实全部加以掌握，允许多元化的解。唯一解是固定不变的，多元化的解则具有动态性，而且追求共善。

如今我们正置身于 VUCA 时代，仅靠科学的方法论是难以应对的。如果不能利用叙事型战略，就难以找到解决问题的出路。

以在竞争中胜出为前提 vs. 以企业的存在意义为前提

分析型战略以在竞争中胜出为前提，而叙事型战略则以企业"为了什么而存在"和"为了什么而竞争"等存在意义上的组织愿景为前提。企业的存在意义在于共善，从高层到一线员工都应该为实现这一目标而努力。

前文介绍的卫材重视与患者的共感，京瓷重视员工之间的共感。卫材的企业理念是将患者及其家人放在首位，为维护患者利益做出贡献。京瓷的社训则是在追求员工物质和精神两方面幸福的同时，为人类和社会做出贡献。两者都达到了共善。

探究企业的存在意义，也就是在探究人作为经营主体的生活方式。从参与企业经营的高层、中层到每个一线员工，都要不断探究"我要成为什么样的人"以及"如何生存"这样的价值观和信念。像这样一边探寻思考和生活方式，一边在组织中做好自己的工作，是如何实现的呢？当一个人实践了自己的思考之后，就会诞生叙事。当每个人意识到自己是在与其他人相互作用，通过自己的叙事创造组织的历史时，个人想法和生活上的价值观就会与企业的存在意义相重合，即产生共善，个人想法和价值观也会在组织当中变得合理。而当一个人的思想和价值观在工作中得以实现并带来成果时，自己的思考也会上升到另一个高度。

　　迈向生活更为美好的未来，实现企业需要追求的共善，在各种脉络和关系中动态地思考和实践，共创知识，每个人的生活方式都产生了更高层次的意义，这就是以人为本的叙事策略。

　　叙事型战略的推行目的在于追求企业存在的意义，如果成功，就能在竞争中取得胜利。在这个战略当中，由于每个人的思考也会反映出来，因此，获得客户的大力支持比赢得竞争更能带来自我成就感。

　　让我们通过案例来进行分析。不管是花王的 Bio IOS 还是 POLA 的 WRINKLE SHOT，如果当时公司采取分析型战略，就开发不出这样的商品。

　　在开发 Bio IOS 时，表面活性剂可持续生产等技术尚未实现，所以也无市场可言。然而，如果沿用以前的表面活性剂的制造方法，洗衣剂的价格就会因材料不足而上涨，甚至使日常的洗衣变得困难，所以 Bio IOS 的开发始于肩负人类未来使命的共感。

　　为了从本质上解决问题，就必须将未被利用的剩余油脂当作原材料。以前人们认为，油棕榈中有一部分碳原子数量为 16～18 的油脂是不适合做成表面活性剂的，但花王推导出了跳跃性假设，尝试将固体部分当作原材料，制作表面活性剂。

　　WRINKLE SHOT 的情况是，人们不知道皮肤形成皱纹的原理以及机制，日本药事法中也没有相关的定义，即便如此，WRINKLE SHOT 的开发仍利用了研发人员之间想制造产品改善皱纹的共感，以及 70% 的 30 岁以上女性为皱纹所苦的第二人称视角下的共感。

　　由此，团队成员之间共享"我们要怎么做"这一更高层次的

"我们的主观"，末延则作为领导身先士卒，明确了"我要成为这样的人"的第一人称主观。随后就产生了这样的跳跃性假设："让我们解开皱纹形成的机制，找出有效成分，从零开始，开发出能够改善皱纹的划时代的药妆。"

然而，问题在于，为了降低失败的风险，开发通常以既有的研究为基础。从逻辑上讲，这种方式是正确的，但末延却超越了这种方式而直观了问题的本质，即应通过自身的力量，从零开始揭开皱纹形成的机制。

像这样，不进行环境分析，而是通过人与人之间共感产生跳跃性假设，也能取得成果。企业能够开发出这样的产品，在于企业的存在价值与开发人员的价值观变得明确，且两者达到了共感。

以上两则案例是以企业的存在价值和开发人员的思考为前提的。

花王有一个被称为"花王之路"的企业理念，包括使命、愿景、基本价值观和行为原则 4 方面：

> 公司为何而存在，即公司的"使命"是什么，答案是：通过创造优质产品，实现人们丰富多彩的生活。
>
> 公司要去向何方，即公司的"愿景"是什么，答案是：成为最了解消费者和客户的企业。
>
> 什么是最重要的，即公司的"基本价值观"是什么，答案是：创造优质产品，不断创新，行中正之道。

如何行动，即公司的"行动原则"是什么，答案是：以消费者为本，遵循"一线为王"主义，尊重个体和团队合作，具备国际视野。

员工需要共享这些内容，作为审视工作意义和确认工作课题的依据。其中，"创造优质产品，实现人们丰富多彩的生活"的使命，是自花王开创者长濑富郎于1890年开办公司以来，延续了130多年历史的理念。

Bio IOS 的开发也是一样。开发人员坂井隆也表示，正因花王的这一使命，Bio IOS 才能开发成功。坂井隆也作为表面活性剂方面的专家，从年轻时就梦想着凭借自己的力量，让全球通用的表面活性剂问世，他的思考也映射着这一梦想。

POLA 的创办者铃木忍是一位化学家，有一天他看到妻子龟裂的手，于是通过自学调制了一款护手霜送给妻子，而对妻子的爱也成为他创业的起点。这款护手霜于1929年开始售卖，并大受欢迎，当时，为了平等对待每一位顾客，该产品会按需称重售卖，并由铃木亲手递交。此后，这则创业逸事一直在员工间流传。

POLA 现在也仍旧以爱为起点，用科学（Science）、艺术（Art）和爱（Love）3个词表达着公司独特的存在价值。科学的含义是以科学为后盾，将最先进的商品送给世界。艺术的含义是借助手工打动顾客，坚持以人类的双手创造美丽，亲手献出爱心和肌肤的保养技巧。爱则表示尊重每一个人，建立爱的联系，并将这一创业理念延续下去。

下定决心开发 WRINKLE SHOT 的末延也是一个坚持自己生活方式的人。她想要制造可以直接送到消费者手上的产品，于是放弃了已经定下的工作而选择了 POLA。公司每换一个领导者，就会在短时间内改变核心任务，她对此提出抗议，决定不再单纯做既定的工作，而要亲身挑战新事物，因而提出调职。这显示出她对自己的生活方式有着强烈的价值取向。

不管是企业，还是作为经营主体的人，都不仅仅是单纯的存在，而应是面向未来不断产生意义和价值的"成为什么"的存在，"成为"的过程中企业的存在意义和人的生活方式将有所显现。叙事型战略就是面向未来，展现了"成为什么"的策略。

以静态为前提 vs. 以动态为前提

分析型战略与叙事型战略的第二个不同之处就在于，分析型战略以静态环境为前提，而叙事型战略则以动态环境为前提。

定位理论会假设存在一个完全市场，所有市场参与者都拥有预测对手构想的完整信息，并可以自由进入和退出市场。另外，如果所有市场参与者都公平竞争（指在完全市场中完全竞争），那么参与者的利益就会达到平均状态，任何人都无法获得比其他人更多的利润。这是以市场均衡理论为依据所做的假设。

然后，波特将这个理论反过来思考：既然完全竞争会让利益均衡，任何一家公司都无法比其他公司获利更多，那么通过故意制造不完全竞争的状态，任何一家公司就可以比其他竞争者获得更多利益。如何操纵市场结构，采取何种有效的战略，以形成不完全竞争状态，就是波特的竞争理论的内容。

但这只是一种静态的分析，因为这是基于完全市场这一不切实际的假设而产生的。现实中，各种现象相互交叉，市场瞬息万变。制定分析型战略所要求具备的所有条件，在现实中并不存在。而且，由于现今全球化和信息化的发展，VUCA 世界逐渐形成，因此，企业管理者必须明白，细微的变化会带来巨变，而这就要求我们以复杂的动态世界观为前提进行思考。

Bio IOS 的开发也是一样，在开始研究时，可持续发展的概念在日本并没有受到多少关注，因此公司内部冒出许多负面言论，甚至还有人提出终止开发。但即便如此，团队仍继续开发，直到 2015 年宝洁提出可持续生产表面活性剂的必要性后，状况才得以大幅转变。公司内部赞同的声音高涨，高层也立即决定展开相关商品的开发。

在 WRINKLE SHOT 的开发过程中，研究人员并不能保证一定会获得厚生劳动省的批准。但即便如此，团队还是在着手开发的 7 年后申请获得了批准，然而在此之后的第四年，也就是 WRINKLE SHOT 即将获得批准时，发生了嘉娜宝化妆品集团的美白化妆品引发的"白斑事件"，造成审查完全停止的意外状况。

由于高层急于看到成果，考虑过"不当成药妆，而以化妆品进行售卖"，但即使希望渺茫，团队也不曾改变既定方针，"除了药妆，其他方式不在考虑范围内"，最后终于使产品获得了批准。"耗时 15 年开发"的故事也唤起了客户的共感。

当现状无法被完全掌控时，会产生各种矛盾和对立关系。因此，我们必须将"此时此地"的矛盾和对立关系视为二元动态的关系，找出平衡点并加以解决。单纯通过因果关系进行分析，从逻辑上寻求解答是不准确的。应该进入当时的情境，把握事物的本质，借由跳跃性假设超出逻辑层面得出最优解，在实践当中进步，这就是叙事型战略。

分析型战略的前提是在静态中赢得竞争，而在 VUCA 世界中，当一个人以为自己胜利了，却意外地还会在其他行业中遇到新的竞争对手，导致局势逆转，战略也就失去效果。而叙事型战略是以动态的方式应对经常变化的状况，因此战略不会失效，只要不断探寻企业的存在意义便可。

逻辑三段论法 vs. 实践三段论法

第三个不同之处在于，分析型战略探究的是所得解答的逻辑正确性，而叙事型战略追求新知识的诞生。

分析型战略强调从逻辑上推导出正确答案，通常采用逻辑三段论，即 A=B（普遍的概念）→ B=C（具体的事实）→因此 A=C（结论）。与此相对，叙事型战略则强调产生新知识，即追求什么目标（目的）→实现目标要通过什么方法（手段）→如何行动（实践），这就是"目的—手段—实践"的实践性三段论（见图 4-1）。

也就是说，在面对各种矛盾和对立关系时，我们要利用实践三段论推导出解决问题的方法，再采取行动。如果以时间轴来说明这个概念，那么如图 4-2 所示。

	逻辑三段论	实践三段论
大前提	所有人都会死	追求什么目标（目的）
	↓	↓
小前提	苏格拉底是人	实现目标要通过什么方法（手段）
	↓	↓
结论	苏格拉底会死	如何行动（实践）
	⬇	⬇
	只探究结论在逻辑上的真伪 →没有创造知识	结论与行动相联系 →创造新知识

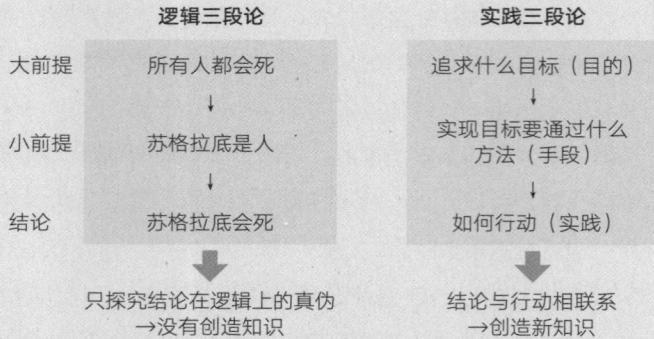

图 4-1　逻辑三段论 vs. 实践三段论

分析型战略：	叙事型战略：
• 以在竞争中取胜为前提	• 以企业的存在意义为前提
• 以静态环境为前提	• 以动态环境为前提
• 以逻辑三段论进行设想	• 以实践三段论进行设想
• 处于过去与现在连成的延长线上	• 以未来为起点进行创造
• 中央集权的官僚式管理	• 分散式领导力管理
• 由逻辑与分析构成	• 由情节与行为规范构成

图 4-2　分析型战略与叙事型战略的不同

　　分析型战略是从过去和现在给定的条件中进行逻辑推论，探究解决方法在逻辑上的正确性，属于预测（forecasting）战略。而叙事型战略则是以未来为起点，从目标回溯（back casting），通过解读现象背后的脉络，抓住本质，进而以批判的态度重新审视过去和现在，设想"这样行动后会变成什么样"，思考现在应该做的事情，不断创造叙事来克服矛盾和对立关系，并重复这一过程。未来就存在于过去和现在的矛盾中，克服矛盾就是在创造未来。

在叙事型战略的实践三段论中，要想描绘目标所指的未来愿景，就需要怀着以共善为基础的明确信念，彻底贯彻"做什么？""为什么这样做？"的"WHAT"和"WHY"，还包括为实现目标所采取的所有手段和方法，即"HOW"。从这个意义上可以说，叙事型战略是由理想主义式的实用主义来支撑的。

在 Bio IOS 的开发中，若以分析型战略的逻辑三段论法去思考，就会认为正确的解答是这样的：我们要开发的洗衣剂应当是消费者所追求的去污能力强的产品→可持续性生产的表面活性剂对消费者的吸引力不足→可持续性生产的表面活性剂不能成为开发的对象。在开发 Bio IOS 的过程中，公司内部会出现许多否定言论，还有人要求终止研发，原因也在于此。

与此相对，开发人员通过实践三段论法推行叙事型战略：将来洗衣剂的价格会上涨数倍，可能导致日常洗衣服都变得困难，必须避免这种情况发生→为实现这幅未来愿景，需要创新技术，利用长期以来被认为不合适做原材料的碳原子数量在 16 ～ 18 的剩余油脂→持续进行表面活性剂基础研究的花王，为了实现这项技术必须采取行动。这样一来，新知识就会诞生。

WRINKLE SHOT 的开发也是一样，假如以逻辑三段论法去思考，就会认为以下的结论是正确的：应当尽可能降低风险，不知道结果的研发尽量少做→全世界的研究人员都在对皱纹形成的机制进行基础研究→可以先行研究的论文为基础，降低研发风险。实际上，也有其他资深开发负责人提出了这样的建议。

与此相对，末延采用了实践三段论：为了能够自信地说出"能够改善皱纹"，让更多女性获得幸福，就要做出效果最好的药妆→既然要创造前所未有的商品，就要心无旁骛地从零开始研发→即便任务繁重，也要踏踏实实完成。就这样，她带领团队首次揭开了皱纹形成的机制，并制造出抗皱药妆，公布于世界。

本书前文介绍过哲学家怀特海独特的哲学世界，即世界是万物互联的过程，是不断变动的事件连续体。事件是此时此地人与事物的关系，而世界就是这些关系的连续体。

所谓叙事，就是连结诸事件并形成梗概的行为。而所谓叙事型战略，就是将尚未具象化的多个事件连结起来，通过对事件进行梗概，面向未来展现此刻的 WHAT、WHY 和 HOW。

分析型战略的目的是在竞争中胜出，不管胜利还是失败，都会有结果。而叙事型战略的本质是创造未来，留下的是不断向未来发起挑战的开放式结局。

中央集权官僚式管理 vs. 分散自律式管理

在采用分析型战略的组织中，高层和接受其指示的企划部门会根据市场分析的数据拟定战略计划，自上而下地要求一线执行，因此实行的是中央集权的官僚式组织管理。与此相反，在推行叙事型战略的组织中，由于需要一线的实践经验，因此重点在于分散自律式组织管理。这也是分析型战略与叙事型战略的第四个区别。

在一线面对个别具体的微观现实时，要以共善为价值标准，同时，从内里解读现实背后存在的脉络和关系，掌握本质。将微观现实与宏观大局结合，适时做出尽可能完美的判断再执行。这就是典型的实践性智慧。

在 VUCA 时代，要想在瞬息万变的动态市场中发展事业，就需要把高效创造作为价值源泉的新知识，并运用灵活的构思能力、迅速的判断力和行动力，进行一场知识机动战。

在知识机动战中，领导者要面向企业的存在意义和愿景，探究一线人才的行为方式，发挥分散自律式领导力，不断推进知识创造的高速循环，并时刻呼应当下情况，做出尽可能完美的判断。这种实践性智慧就是知识机动力。

叙事型战略有一大特征，即能让一线充分发挥分散自律式领导力，提升知识机动力，进而实现全员经营。

在 Bio IOS 的开发过程中，在开始对技术商品化前，人们还不清楚 Bio IOS 的用途。而通过矩阵运营，材料科学研究所和加工、流程开发研究所的现场小组组长做出了要共同开发量产技术的决定。即使尚未看到开发成功的希望，研发人员也会共享、共创可能性，从而在可持续发展目标受到关注的 2019 年成功发售了产品。

WRINKLE SHOT 的开发也是一样。开发团队花了 15 年时间才得到政府批准，在此期间，整个公司对开发团队持续地共感，实现了分散自律式领导的终极形态：全员经营。生产工厂表示制造不含水的制剂极为困难，却也充分理解开发团队的想法，并克服了障碍，后来甚至与开发团队联系，保证不会让产品缺货，不断满足开发团队的要求。

在 POLA 公司内部，集商品计划、销售、设计和宣传于一体的跨部门团队也在行动。作为"接下最后一棒的选手",该团队成员拥有要率先抵达终点的责任感,在一个半月内走遍全日本150个地方,将开发中遇到的困难传达给了45 000名销售员。设计负责人也通过"漫游在黑暗宇宙中,总算看到光明"的意象,向客户展现出开发团队长达15年的奋斗和荣光。

而一线的销售员也与客户面对面,为开发团队的想法代言,自信地说着"就是因为有了这样的想法、这样的开发过程,才生产出了能够改善皱纹的产品"。这就是全员经营的一个典范。

在叙事型战略中,如果团队成员或员工对于未来的目标产生共感,并参与战略,就会自发且自律地采取行动。换句话说,叙事型战略会影响团队成员或员工的内在动机。

叙事型战略一方面是一种战略的形成,另一方面也作用在团队成员和员工身上,促使他们进行战略判断或实施战略行动,使战略形成和战略实践一体化。这种战略的形成、实践用故事的形式表现,就是叙事型战略。

构成叙事型战略的情节和行为规范

如何才能形成叙事型战略呢?这就要求我们正视时时刻刻都在变化的现实,克服"此时此地"的矛盾和对立关系,来达成目标,在实现企业的存在意义和组织愿景的同时,让战略参与者的生活方式达到更高层次。

为达成目标,叙事型战略将企业经营以及与事业、项目相关的全体内容作为情节,将为实现情节所做的努力,即团队成员和员工如何判断、如何行动的过程作为行为规范。情节和行为规范构成了叙事型战略（见图 4-3）。如果情节不够振奋人心，行为规范不够完备，就不能引发行动。

叙事是将许多事件相互连结，编排情节的行为。叙事型战略中的情节，就是将多个事件连结起来，赋予它们连贯的意义，同时创造叙事。

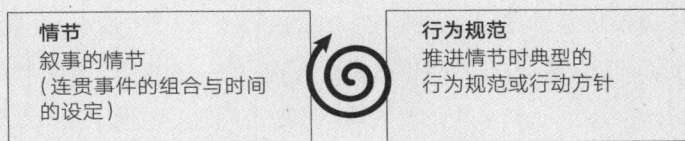

情节 叙事的情节 （连贯事件的组合与时间 的设定）		行为规范 推进情节时典型的 行为规范或行动方针

图 4-3　叙事型战略的情节与行为规范

在企业经营或业务、项目拓展过程中，叙事情节有时是一个传奇故事，如主人公在看不到希望的情况下奋勇向前，克服困难，逐渐成长，最终解决问题，达成了目标；有时是一个英雄故事，如主人公为了完成某个目的或使命，前往未知的世界，经受住了各种考验，经历一系列的成长，最终在达到目的后踏上归途。

具体来说，情节就是讲述"做什么"和"为什么这么做"的，基于企业存在意义和组织愿景的经营、事业和项目计划。为了让计划变成现实，需要克服矛盾和对立关系，将战略作为创造未来的方法论来实行。这时就需要"如何做"的战略判断和战略行为，而这种判断和行为上的规范就是行为规范。

"script"（情节）有时被译为脚本，就像戏剧中的主角在场景中按脚本表演一样，指的是基于经验和模式的认知，于无意识中印刻在心灵和身体上的思考和行动规则。也就是说，它是在特定的情境或状况中，"在这种场合下要这样做"这一内化的行为规范。

在面对困难时，行为规范具有格外重要的意义。为避免将来因洗衣剂的价格上涨，导致日常洗衣都有困难的事态发生，花王虽知一些天然油脂提取物不易溶于水，不适合做表面活性剂，仍努力开发，将用途有限的剩余资源用作表面活性剂，为资源不足的问题提供了解决方案。这就是 Bio IOS 研发的情节。

在 Bio IOS 艰难的开发历程中，"中兴之祖"丸田芳郎的话成为研究人员心中的行为规范和精神后盾，展现了花王独到的理念。丸田身为化学家，也兼具哲学家的一面。他提倡服务消费者、人人平等和汇集智慧。当坂井隆也遇到障碍，犹豫着该不该加快开发速度时，丸田的一句"要以科学的数据为基础，坚持做自己认为正确的事情"成了他的行为规范，让他明白，既然决定要做，就要回归原点，直到发现正确答案为止。

坂井隆也时常注意，"通过创造优质产品，为实现人们丰富多彩的生活而做出贡献"。这种创业精神也作为企业使命融入在了花王理念当中，同样属于行为规范的一种。

人体受到刺激后，身体机能组织中的各个器官会立即做出反应，花王的企业运营也是一样，员工会缩短从掌握情况到做出决策所需的时间，从而灵活敏捷地反应、行动，每个人都在追求更高的知识机动力。

在尚不清楚 Bio IOS 用途的时候，材料科学研究所及加工、流程开发研究所凭借一线领导的判断，立即开始了量产技术的开发。堀宽和藤冈之所以能够同步行动，就是因为花王有着像人类身体机能组织一样的构造。

花王告诉我们，如果企业能将伟大经营者的语录、经营理念和独有的组织经营观念当成行为规范，让员工牢记于心，就能克服困难，将不可能化为可能。

亲身展示行为规范，建立师徒关系

WRINKLE SHOT 是开发团队的领导为成员亲自做出了行为规范的例子。这个案例的情节如下：无论风险多高，开发团队也要从零开始破解皱纹形成的机制，找出有效的应对成分，开发出效果最好的药妆，获得政府批准，让 POLA 的任何人都可以自信地说出"我们的产品能够改善皱纹"，让更多女性获得幸福。

看不到尽头的繁重工作，以及层层的阻拦、意料之外的障碍、公司内部屡次要求中止的声浪……困难如潮水般涌来，而为了能继续开发，团队领导末延向成员展现的是以下行为规范："要不惜花费时间和精力进行核对和验证""防范所有可能发生的风险""如果最后能够找到正确的结论，就不要害怕风险，即使遭到反对也绝不妥协""坚持到底"。

电影导演黑泽明有句名言："像魔鬼一样细心，像天使一样大胆。"我们必须细心地核对、验证和防范风险。假如找到了结论，就毫不妥协地大胆执行，坚持到底。WRINKLE SHOT 在开发中的行为规范就让人不禁想起黑泽明的这句话。

特别值得注意的是，团队领导末延会以身作则，不惜花费时间和精力，一旦决定要做某项工作，就一定要做好。团队成员也从末延的以身作则中学到了许多。

在分析型战略中，一线工作需要由高层和企划部门制订计划和对策，才能将工作内容整合为手册。但在叙事型战略当中，每个成员会根据实际情况思考，尽可能做出完美的判断后再执行，这种实践性智慧是不可能形成手册的。若要具备实践性智慧，只能通过共振、共鸣和共感，学习杰出领导者的判断力和执行力，亲身体验，这时就需要一种新的学习模式：学徒制。

末延在行为规范中最令人印象深刻的就是她"一定要干到底"的精神。

美国芝加哥大学教授詹姆斯·赫克曼（James Heckman）曾从事"人在工作时是如何决策的"等社会问题的研究，并因此获得诺贝尔经济学奖。根据他的研究，人的智力分为通过智力测验得出结果的"认知能力"，以及与个人性格、天赋相关的"非认知能力"。其中，非认知能力更重要，因为它与认真程度、积极性、坚韧度、忍耐力等潜在的能力相关。

美国密歇根大学的克里斯托弗·彼得森（Christopher Peterson）是积极心理学的创立者之一，他研究的是人的良好生活以及充实活动所需要的条件。他列出了以下与人生满意度和成就感关系密切的 7 个因素：

- 毅力（grit）；
- 自制力（self-control）；
- 热情（zest）；

- 社会认知（social intelligence，即对人际关系的认识、对不同社会状况的快速适应能力）；
- 感恩（gratitude）；
- 乐观主义（optimism）；
- 好奇心（curiosity）。

　　这 7 个因素全部体现在了 WRINKLE SHOT 的开发团队身上。赫克曼等人的研究指出，这种非认知能力可以从老师的指导和建议中得到提升，而老师通过对人格的感化，能使学生养成好习惯。这就是学徒制学习模式。

　　在美国，学徒制正在被重新审视。世界知名经营顾问拉姆·查兰（Ram Charan）在调查通用和宝洁等优秀企业如何培养储备干部时，发现它们采用的全部是学徒制。

　　查兰还将职业生涯的形成比喻为同心圆，越靠近外圆，工作的领域会越广，难度会越大。上级给部下的考验会超过本人的能力，为此，部下需要进行实践，接受上级的反馈，进而改正不足。通过这种有意识的练习，一个人就能在更广范围挑战更为困难的工作，提升核心能力。这就叫作"同心圆学习"，是在学徒制当中开发个人领导能力的有效方法。

　　WRINKLE SHOT 的开发团队也是一样。末延作为领导会对成员进行充分考验，如她在短短 5 分钟内就否决了团队花费好几天得到的数据。她还会在团队成员埋头研究、视野窄化时，教导他们要具备灵活的视角。由此，"二流团队"才变成了优秀人才的汇集地。

　　在叙事型战略中，领导者要将自己的想法与成员共振、共鸣、共感，以上率下，做出行为规范，这样才可以在做出成果的同时，培养成员的实践知识。

为什么不以"故事"而以"叙事"命名

在本章的最后，让我们来探讨在表现战略时为什么不用名词形式的"故事"，而要用动词形式的"叙事"。

末延从零开始研发，获得政府部门的药妆批准，最后实现销售的过程，是一个"故事"。叙事型战略用英文表示就是 narrative strategy，"故事"是 story，与此相对，"叙事"是 narrative。

在知识创造理论中，"故事"是指一并讲述多个事件（WHAT），"叙事"则是根据多个事件之间的关系（WHY）来进行叙述，这两者是不同的。例如，"国王死了，接着王妃生病，然后也死了"是故事。而叙事会如此表达："国王死了。王妃再也不能与丈夫一起生活，她失去了活着的意义。于是她生病了，不久也去了天堂，在那里找到了正在等她的丈夫，就像是追寻永恒的爱一样。"

一般来说，文章有长有短，但都可以称为故事。那么，为什么要区分故事和叙事呢？这是因为在叙事型战略中，在说明WHAT的同时，还要说明"为什么那样做""为什么是那样"和"形成的原因是什么"等 WHY 的问题，后者也具备极为重要的意义。因为回答 WHY 会展现人的主观和直观，这是人形成共感的源泉，是叙事情节的轴心，也是人的行为规范。

末延所讲的"故事"，包含团队领导和成员的主观想法、价值观以及直观本质，其实这就是叙事型战略。

那么，为什么本书要使用动词形式的"叙事"呢？在解释叙事型战略时本书曾提到过，战略的形成与实践是一体且相互补充的。也就是说，领导者提出情节，进而展示行为规范，便是将战略"叙事化"，在瞬息万变的现实中克服"此时此地"的矛盾和对立关系，促进团队成员的战略判断和战略行动，并进行实践。叙事型战略需要领导做出"讲故事"的行为方能成立。从这个意义上来说，假如非要使用"故事"这个词，就应该是"讲故事"（story telling）。

在分析型战略中，战略是从市场分析的数据和数字中推导出来的，"因为 A 所以 B→因为 B 所以 C→因为 C 所以 D"，像这样遵循逻辑得出结论。探究 A、B、C 和 D 各事件之间逻辑关系的正确与否，便是让自己置身于一个不将人的因素纳入考虑范畴的科学世界。

反观叙事型战略，领导在面对团队成员时以自己的主观、价值观、直观本质为本，在各个方面持续进行"叙事"，所以是一个以人的因素为中心的艺术世界。

当然，在叙事型战略的形成和实践过程中，也需要逻辑分析的视角。例如，在产品生产或商业化阶段，为实现低成本、高品质，哪怕成本能便宜 1 元，也值得追求。这种基于数据和数字的分析性视角也是非常重要的。

艺术和科学不是二者择其一的二元对立关系，而是可以相互补充的二元动态关系。要用艺术突破科学无法超越的壁垒，也要用科学得出单凭艺术无法得出的答案。

叙事型战略是艺术与科学的结合。科学上得出的答案总是确定的，但在艺术上，领导者的想象力能决定成败。所以叙事型战略更需要领导具备共感、直观本质和提出跳跃性假设等方面的能力。

「 物 語 り 戦 略 」 で 輝 く 現 場

「物語り戦略」で
輝く現場

第 5 章

共感型領導者
必须具备想象未来的能力

　　截至目前，本书讲述了什么是共感经营，以及推动共感经营所需要的叙事型战略等相关内容。

　　以共感为起点，在直观事物本质的过程中提出跳跃性假设，就会推动创新。在这个过程中，共感会参与到各个环节，共感的力量会成为驱动力或推动力，推进仅靠逻辑无法推进的事情，以及仅靠分析无法达到的目标。

　　共感经营以人与人之间的共感为基础，而当对象是物时，通过全心全力的物我贯通，达到物我合一的境界，就会形成共感。这一点可以从本田宗一郎观察摩托车的方式以及隼鸟号的案例中看出。

　　从直观本质的过程中提出的跳跃性假设，追求的是与以往迥然不同的全新未来，以及与过去、现在非连续性的未来。这只有通过叙事型战略才能实现。

能执行叙事型战略从而推动共感经营的共感型领导者应具备什么样的能力？答案就是在过去、现在、未来的历史洪流中，以共感为原动力，面向未来构想出新历史的能力。这是一种想象力，可以让人置身于历史中，解读背后的文化脉络，构想出逻辑分析推导不出来的新未来。这应当是一种"未来想象力"。

向日本知名共感型领导者学习

迅销集团董事长兼 CEO 柳井正

柳井正从早稻田大学毕业后，进入大型超市集团永旺工作了 10 个月，随后在 1972 年作为继承人进入父亲创办的男装公司小郡商事，而该公司正是迅销（Fast Retailing）集团的前身。他 20 多岁时开始负责公司的经营事务，投身服装产业。

柳井正在美国考察时来到大学生协联 ①，这里的情形吸引了他的目光：通过自助服务，学生们可以快速取得自己想要的物品。柳井正在《一胜九败》一书中提到：

> 这里没有商业味，店铺的布局完全是站在顾客的立场上设计的。学生们就像逛书店和唱片店一样，十分随意。有中意的东西就买，没有中意的，就逛一圈再走。如果以这种形式销售我们的休闲

---

① 大学生协联：指大学生活协同组织联合会，由大学相关人员共享资金，合作运营，为校内人员提供生活上的便利和帮助。

服装，会不会很有趣？

以往，自助服务是一种降低卖方成本的手段，但柳井正却站在顾客的角度，在与顾客的共感中直观到自助服务的新意义与价值，提出了"满足顾客需求的自助服务才是理想做法"的跳跃性假设。这就是"自助"（help yourself）的概念。

于是，在 1984 年，以"像买周刊一样可以轻松购买的低价休闲服装，采取自助服务""创造客户可以自由选择的环境"为新概念的优衣库 1 号店在广岛市正式开业。"衣、饰、自由"3 个词，蕴含了柳井正的基本理念。

优衣库 1 号店内的购物通道笔直又宽敞，天花板保留了原本的水泥面以扩大空间，店内商品摆放得井然有序并会随时补充，店员会与顾客打招呼，但通常不会接待顾客，只在顾客需要帮助时才会上前。店员会穿上围裙以便工作，非常容易辩认。

这是以前的时尚专卖店内从未有过的场面。优衣库坚持站在顾客的立场上经营，贯彻着"让人想买东西的商店就是畅销商店"这一理念。

店铺里售卖的商品脱离了时尚至上和追求潮流的倾向，将重点放在无论何时何地男女都能自由穿着的基础风格上。这也是休闲服装销售上的一大创新。

回顾优衣库诞生的过程我们会发现，其品牌始于与客户的共感，再经过直观本质，提出"满足客户期望的自助购买服务"的跳跃性假设，进而产生"就像买周刊一样轻松""创造客户可以自由选择的环境"的新概念，为休闲服装产业开辟了新的未来。

优衣库是柳井正凭借未来想象力创造的，其中起到重要作用的是叙事型战略，而非分析型战略。

柳井正在二十多岁被任命为小郡商事的经营负责人时，看到店内依然保留着以前的经营模式，便下定决心进行改革。改革过程中，有 6 名员工相继离职，只剩 1 人。即便如此，他依然没有停下脚步，这也为迅销集团的创立奠定了基础。

在经营迅销集团几年后，三十多岁的柳井正开始着手构建企业核心经营理念。他深刻思考了"想经营一个什么样的公司"的企业存在价值以及"想与什么样的人一起工作"的人才观。这也正是叙事型战略中不可或缺的经营理念。

"第一条，要打造满足客户需求并吸引新客户的经营模式。""第二条，要吸收正确的建议，做改变世界、变革社会、为社会做出贡献的经营者。"最初，像这样的经营理念优衣库只有 7 条，到优衣库 1 号店开业时增加到了 17 条，而现在又增加到了 23 条。

柳井正把美国跨国公司 ITT 前 CEO 哈罗德·杰宁（Harold Geneen）的经营事业回忆录《职业经理人》（*Professional Manager*）视作"最佳教科书"，一遍又一遍地拜读、勾划句子，直到书页变得破破烂烂。书中对他影响最大的内容是"逆算营销"。

"读书的时候，是从前往后读，但商业经营与此相反。商人要从最后回溯到最初，从最终目的出发思考应该如何去做。"首先是设定目标，决定好要做什么，并扎扎实实地实践。而所谓逆算营销，正是实践三段论。优衣库就诞生于柳井正"相信自己所做的是正确的"的人生态度中，根植于迅销集团存在意义的叙事型战略中。

在这个叙事型战略中，"创造客户可以自由选择的环境"的基本概念是情节，而迅销集团的经营理念成为员工为实现这一情节所遵循的行为规范。例如，"要明确认识到，卖场和其中的商品是与客户直接的接触点，要以卖场和商品为中心进行经营"；"要让团队成员共享连贯性的长期愿景，切实执行正确的事情、细节上的事情和最基本的事情，坚忍地朝着正确方向努力到底"；"每个员工都要有自强意识、自我反省意识，经营中最重要的是在灵活多变的组织中尊重每一个人、尊重团队合作"，等等。在这些行为规范中，柳井正特别要求每一个员工都必须有"自己就是经营者"的意识，自律、自主地进行工作，从而形成全员经营的局面。

应当注意到的是，在柳井正的叙事型战略中，企业的成长要一边将基本情节作为样板，一边将情节进化到更高的层次。

迅销集团作为日本代表性的服装企业，积极向海外扩张，成为国际性的大型企业，并制定了集团的整体理念，即"迅销之道"（FR WAY），以"改变服装，改变常识，改变世界"的组织愿景作为核心。为此，迅销集团致力于向全世界的人们提供"真正优质的服装""拥有前所未有的崭新价值的服装"，真诚希望所有人的生活因此变得快乐、积极，这样世界也能变得更加美好。为实现组织愿景，公司制定了成为"世界第一的服装企业"的目标。

伴随着情节的变化，迅销集团打出了世界第一的目标："如果能够让所有员工都具备经营者的意识，实现最好的经营、最好的商品、最好的服务以及最好的店铺运营，就可以让迅销成为世界第一的服装制造零售企业。"迅销把这个目标称作"世界第一、全球经营"。

"不论目标多高，都不去考虑做不到的理由，而是考虑怎样才能做到，并踏踏实实努力"，这就是柳井正基本的经营理念。他还特别对服装店店长提出："具备科学上的逻辑分析能力的同时，也要具备用直观体验的方式捕捉顾客需求的艺术上的能力。"由此，迅销集团成为日本采取叙事型战略的代表性企业。

7-11 JAPAN 原会长兼 CEO 铃木敏文

迅销集团通过零售模式涉足了制造业，开发、销售自家设计的商品，成为拥有从制造到零售全流程产业链的 SPA[①] 型企业。这套模式来源于 7-11 对独家商品的开发。将总部的商品开发部门与作为供应商的制造商组成团队，主要开发快餐等独家产品的模式，最早是由 7-11 引进日本的。在创业初期，7-11 的创办人铃木敏文（原会长兼 CEO，现为名誉顾问）认定，便当以及饭团等日本特色快餐将成为消费者主要购买的商品。

7-11 是自创业以来一直遵循叙事型战略的企业，铃木则是有着出色未来想象力的共感型领导的代表。我们来简单看一看 7-11 的创业历程。

---

① Specialty Retailer of Private Label Apparel，简称 SPA，指"自有品牌专业零售商"经营模式。——编者注

在 20 世纪 60 年代后半期，每次有大型超市开设新店，都会遭到当地商业街店家们的反对，当时铃木作为伊藤洋华堂的董事，自然也承受了许多攻击。对于商业街的没落，大多数人都套用经济高度成长期"以大吃小"的理论和经验法则，认为是大型商店的扩张导致的。如果从分析的角度来思考这一问题，也确实找不到其他的原因。

对此，身为伊藤洋华堂的人事部经理并兼任促销负责人的铃木亲身体会到了市场的变化，从而认识到，将来不再是在店里陈列着便宜的商品就能卖出去的时代了。他不是仅仅做一个旁观者，而是从情境内部捕捉问题，对小型商店没落的原因进行了逻辑分析，从而发现：没落的根本原因不在于大型商超的扩张，而在于劳动生产力和商品价值的低下。他由此提出跳跃性假设："如果小型商店能够在这两方面得到提升，就可能经营下去，甚至与大型商超平起平坐。"之后，他开始了方法的探索。

后来，当他到美国出差时，刚好在路边的 7-11 歇脚，回国后他才发现，7-11 的母公司竟是一个已经在全美开设了 4 000 家连锁店的名叫南方公司（Southland）的优秀企业。铃木发现了小型商店与大型商超得以并存的关键，决定开创日本的 7-11。

在业界相关人士、有关学者以及公司内部骨干普遍反对，认为"成立这种小型商店的条件在日本还不成熟"的形势中，1973 年，日本 7-11 在公司内部成立，第二年，1 号店正式开业。铃木身为大型商超的董事，没有以旁观者的姿态看待小型商店，而是思考"如何才能让小型商店成功开下去，且与大型商超共存"，以此为共感，通过创造小型商店新的未来，并依靠未来想象力的支撑，成功实行了叙事型战略。

　　该叙事型战略的情节是"创办日本首个真正的连锁便利店，证明小型商店与大型商超共存是可行的"。行为规范则来源于南方公司的经营理念。由于铃木是在前途未卜的情况下进行创业，虽然有了情节和行为规范，但也必须直面意想不到的情况，并随时修正。

　　经过艰难交涉，美方公开了经营技术，但给出的都是面向初学者的像说明书一样的内容。日方将所有内容都翻译了出来，也没有得到想要的答案，且这些技术方法不适合日本的国情。

　　伊藤洋华堂不希望自己的员工从事自己不喜欢的工作，而通过报纸广告招募的员工几乎没有零售经验，所以，在这里还要加上一个情节，那就是"毫无经验的人依靠自己，从零开始创造出日本第一个真正意义上的连锁便利店"。

　　与此同时，员工仍在墨守成规，继续遵循着以前的商业习惯与业界惯例。"如果找不到实现目标的方法，就要自己想办法开辟道路；如果缺乏必要条件，那就改变条件本身"，铃木要求员工必须遵循这样的行为规范。

　　就在 1 号店开业两年后，7-11 的店铺总数达到了 100 家。铃木在酒店召开的纪念仪式上致辞时，历数了自创业以来的艰难历程，感慨至极，眼中充满泪水。支持他度过这段艰苦岁月的，是他的未来想象力。而这也是铃木唯一一次为工作而流泪。

　　在 7-11 草创时期，其叙事型战略中的主要人物，是改变流通及物流机制并积累连锁店开店经验的总部员工。20 世纪 80 年代，企业从草创期进入成长期，所有便利店都导入了铃木制作的日本第一个真正的 POS（Point of

Sale，销售时点）系统。店铺运营的信息系统完善后，7-11 叙事型战略的情节与行为规范迎来了新的局面。

每个店铺的员工都要提前通晓第二天的天气、温度、当地的活动等情况，从掌握的多种先行信息中了解顾客的心理，从顾客的角度思考，与顾客共感，预测每件商品第二天的销售情况后再订货，最后用 POS 系统验证结果。员工反复进行假设与结果的验证，将缺货导致的损失以及滞销导致的废弃降到最低。铃木将此称为单品管理，他要求各店铺的店长和兼职人员都要严格执行这些管理程序。

这种管理方式不需要对实际销售商品的业绩进行分析，而是以对顾客的共感为基础，以明日顾客的需求为起点，判断今天的商品订单，这是基于叙事型战略的订单管理方式。

由于坚持实行了单品管理，在各个店铺里，"在客户需要的时候，不多不少地满足客户的需求"成为每天的叙事情节，"经常性地站在客户的立场，以未来为起点去思考，不断提出假设并进行验证"成为店长以及兼职人员的行为规范。归功于这些情节以及行为规范，有人说"在 7-11 打工的学生也能在 3 个月后讲一讲经营学"。

这些情节及行为规范不仅被运用在店铺经营上，还被应用在总部的商品开发等 7-11 经营的所有方面，一直支撑着企业未来的成长及发展。

到了 2005 年左右，7-11 的发展趋于缓慢，在便利店行业中，已开业的店铺销售额连年下降，不仅是媒体，就连同行的高层也宣扬起了"市场饱和说"。如果仅从数据分析来看，或许确实如此，但铃木却不以为然，他仍以未来为起点，时常站在客户的角度思考，从内部窥见市场动向。他认为，只要充分应对市场的变化，就不会达到市场饱和。

为了应对老年人、女性等群体就业增加的新情况，开创便利店的崭新未来，7-11 坚持"在客户需要的时候，不多不少地满足客户的需求"这一基本情节的同时，开始了对情节的修正。

2009 年秋天，7-11 以"这个时代需要'又近又便利'"为概念，开始对便利店商品进行大规模清点。以前店里售卖的主要是便当、饭团等即食性高的食品，而在此之后，7-11 增加了副食的投入，以老年人家庭和有工作的女性为对象，让这些人不用跑到超市，而是直接在离家近的便利店就可以买到东西，使原本烦琐的做饭过程变得简单。

要建设新型便利店，就要从"傍晚也开着门"的时间上的便利性，转换为能够提供各种餐饮服务的服务上的便利性。铃木的未来想象力所提出的跳跃性假设再一次起了作用，便利店的销售额又开始上升，以前鼓吹市场饱和说的同行业者也纷纷开始效仿 7-11 的做法。

在 7-11 提供的餐饮服务中，ELEVEN & I 集团的自有品牌"ELEVEN PREMIUM"扮演了重要角色。7-11 开发自有品牌的契机，是日本东北及北关东地区的大型超市集团 York-Benimaru 提出的"为了与竞争对手相抗衡，要开发自有品牌的商品"这一提案。

以往，市面上流通的自有品牌常被定位为"比厂家的全国性品牌更便宜"，而以未来为起点站在客户角度思考的铃木认为，"不要以价格低为优先选择，而是要切实追求质量""不论是公司内的哪一种经营业态，都要以相同价格销售。如果客户认为商品有价值，那么不论价格高低都会购买"。他再次力排众议，做出了上述指示。结果，2007 年发售的 ELEVEN PREMIUM 系列产品热卖，2018 年的年销售总额达到了 1.4 万亿日元。

通览迅销集团和 7-11 自创业至今的历程，就会发现在叙事型战略中，情节和行为规范并不是固定不变的，而是根据不同时期的不同状况而不断变化、进化。

著有《战略：一部历史》（*Strategy: A History*）一书的伦敦大学教授劳伦斯·弗里德曼（Lawrence Freedman）说，所谓战略，可以用肥皂剧来做比喻。肥皂剧会随着故事的推进不断更换出场人物，情节也会发生大的变化。肥皂剧与戏剧、电影不同，并不以达到某个确定的结尾为前提，因此结局是不确定的。

经营中的不确定性和动态特性与肥皂剧的本质是相同的。在推行战略的过程中，现实状况会在何时、何地、如何发生变化是不确定的，因此必须有效应对、处理不断变化的状况。

企业经营是"此时此地"的不断累积，没有明确的结尾，也没有确定的结局。叙事型战略就像肥皂剧一样，也是开放式结局，因此能在不确定和无法掌控的环境中有效地进行企业革新，实现成长。前文提到过的定位理论作为一种控制手段，是无法应对变化的。

目前，7-11 便利店因人手不足，开始考虑是否继续坚持 24 小时营业的问题，媒体也在渲染着"没有必要 24 小时营业"的观点。但铃木认为，

24 小时营业可以为顾客营造一种随时可以光顾的安心感，从而提升顾客忠诚度，是根据客户心理推出的一种经营模式。铃木已于 2016 年卸任，今后 7-11 能否继续擘画便利店全新的情节，就要看在任领导者的未来想象力了。

富士胶片控股公司会长兼 CEO 古森重隆

美国的柯达和日本的富士胶片曾竞争着世界第一胶片制造商的宝座，而两家厂商同时面对市场急剧萎缩导致的主业危机，应对方法却有不同：一方运用了美国式分析型战略，另一方则运用了叙事型战略。

柯达倾向于优先考虑股东利益的短期净资产收益率（ROE），凭借已有的知识产权（专利）资源赚钱，选择了运用法律手段获取胜利的自我防卫战略，这是基于市场结构实行分析型战略所做出的决定。创新需要现代技术，但柯达脱离制造业，没有及时对数字化的潮流做出反应，导致其在 2013 年破产。

与此相对，富士胶片则采取了叙事型战略，一边思考"我们应当做什么"的企业存在意义，一边开辟新的道路，终于回到了成长正轨上来。而主导叙事型战略的就是古森重隆。

在古森就任社长的 2000 年，相片业务占据富士胶片销售额的 60%，利润的 2/3。也是在这一年，世界的胶片市场达到饱和，随之而来的便是数字化浪潮。这导致人们对胶片的需求以每年 20% ～ 30% 的比率暴跌，富士面临着市场消失这一未曾有过的危机。

2003 年，古森升任 CEO，掌握了经营上的最高权力，在他头脑中浮现出的，是接下来公司会何去何从的问题。这份不安困扰着他，也困扰着全世界 7 万多名富士员工和他们的家庭。

古森站在了公司发展的十字路口。如果只是为了让公司留存下来，那么一步步取消亏本的业务即可。但是，古森绝然没有这样做。同样是面临主业危机的富士，却走上了一条与柯达完全相反的路线，提出了跳跃性假设："让富士胶片以龙头企业之姿屹立在 21 世纪。"古森与怀揣不安情绪的员工产生了共感，洞见了富士胶片的企业本质，即拥有领先世界的摄影文化。这是凭借未来想象力推导出的结论。

在随后的 2004 年，为迎接公司创立 75 周年，富士胶片提出了中期经营计划"VISION75"，表示要在 2009 年之前实现"彻底的结构改革""形成新的成长战略""加强联合经营"3 个目标。为实现这些目标，计划强调员工必须做到能力的提升和活力的增强。为促使员工奋进，古森在《灵魂经营》一书中如此呼吁大家：

> 如果把我们现在的处境打个比方，就像是丰田没有了汽车，新日铁没有了铁。当今人们对胶片的需求不断减少，我们正面对这一情况，而且必须从正面加以解决。

富士胶片重生的叙事型战略就此展开。古森向员工描绘了新的成长战略，即将公司的强项技术和研究成果相结合，将积累的知识和智慧再次利用，汇总全体员工的智慧，开发新产品、新服务。

在同行采取了分析型战略并决定完全放弃胶片业务时，富士仍坚持"展现人的喜悦、悲伤、爱与感动的照片是必不可少的""守护并培育摄影文化是本公司的使命"的思想。富士胶片致力于提升公司在影像界的形象，将之后的决策行为定义为"为提升人类生活质量做出贡献"，打出了开拓数码以及其他业务的"二次创业"的旗号。

这个充满未来想象力的叙事型战略，讲述的是主人公挣脱困境开辟新天地，解决诸多问题、达成目标并收复失地的传奇故事。

此外，古森还是自身独特的经营理论的实践者。他认为事业的成功由人各种能力的总和决定，这就是他的"商业五体论"。头、五感（视觉、听觉、嗅觉、味觉、触觉）、腿与腰的强韧度、下肢的稳定度等都包括在内，全身都要运动起来。在五体中，最重要的就是心（heart），也就是说，我们要具备一颗能够与他人产生共感并接受他人的心。古森还要求员工具有"肌肉智能"，即要有亲临现场、动用直观抓住本质的能力，而非纸上谈兵。

在管理中常用的 PDCA 循环，在执行叙事型战略的知识机动战时并不适用，这一点前文中已经提到。古森为了让每一个一线员工都能找到计划，将看（See）和思考（Think）作为前期准备，提出了"See-Think-PD"循环。也就是说，不是从外部将客体进行对象化分析，而是与客体共感，进入相同的情境，通过五感进行感知，实事求是地分析现实，提出 WHAT 和 WHY，看透事情的本质。古森的经营精髓，就在于面对富士胶片"二次创业"的叙事型战略提出了行为规范。下面是两个利用情节和行为规范解决具体问题的实例，它们都来自本书的实际采访。

第一，富士开发的拍立得相机 Instax 俗称"Check it"，该相机于 1998年发售后，在女高中生中广受好评，于 2002 年创下 100 万台的销售记录。

但是，伴随着带照相功能的手机普及，拍立得的销售量骤减。在 2004—2006 年，拍立得只卖出了 10 万～ 12 万台。如果采取分析型战略，那么得出的结论就是拍立得是时候退出市场了。

同时，胶片行业也不得不缩小经营规模，但如前所述，富士胶片仍然在逆风之下坚持"守护和培育摄影文化是本公司的使命"，而这份坚守也让富士胶片迎来暖春。2007 年，拍立得在韩国播出的恋爱题材电视剧中亮相，同时也被中国知名模特在博客上进行了介绍，由此，拍立得的人气急剧上升，销量开始回升。

拍立得的销售量在 2007 年提升到 20 万台，2008 年为 25 万台，2009 年为 49 万台，2010 年为 87 万台，2011 年增长至 127 万台。拍立得再次出现人气暴涨的现象，所以以年轻人为目标的营销活动提上公司日程，拍立得的销售展开了新的篇章。

虽然拍立得的销售曾进入低谷，但富士胶片仍然坚持与用户一起"守护和培育摄影文化"。通过在韩剧中的曝光，拍立得得到了用户的喜爱，再次实现了爆红，这不禁让人想起传奇剧中的叙事型战略。在这个叙事型战略中，商业五体论以及 See-Think-PD 循环成为员工的行为规范。

拍立得的用户大部分是 10 ～ 20 岁的女性，这一信息我们必须牢牢把握，要仔细阅读用户在社交媒体上的评论，与她们见面，倾听她们的想法。销售人员利用五感，以看和思考的行为规范为基础，站在用户的立场，在一线工作中挖掘到了拍立得再次爆红的原因。

用拍立得拍出来的照片无法编辑和复制，因此是独一无二的，在数字时代，它为人们带来了新鲜感。如果将照片当场送出，对方会非常开心；用户用智能手机拍下拍立得照片再上传到社交媒体上，也往往会得到许多人的点赞。

公司在对用户进行调查后发现，如果将初次见面的两人聚在一起，只进行自我介绍，双方很难开启对话；而如果将拍立得拿出来，要求两人为一组进行使用，他们便会为对方拍照，或一起自拍，10分钟后大家就熟络了起来。

在数码产品风行的时代，将拍立得当作产生共感的交流工具，能令人乐在其中。掌握了拍立得根本价值的员工们明白，他们不仅是在卖相机，也是在通过相机的使用为人们的生活提供欢乐。因此，他们推出了体验上的提案，并为之而努力，这与富士"二次创业"的目标、"为人们生活品质的进一步提升做出贡献"的企业新理念不谋而合。至此，拍立得的业务在富士的叙事型战略中确立了地位。

拍立得的销售量持续增长，在2018年卖出了1 002万台，成为全球畅销商品。

第二，富士在筹划制订VISION75之后，用了一年半的时间进行"技术盘点"，开始摸索新的业务。以此为基础，它首次挑战化妆品业务，开发了功能性化妆品牌艾诗缇，将公司拥有的高端技术以及积累的知识再次充分利用。这是典型的开拓新业务的情节，也是古森经营理念成为员工行为规范的生动体现。

艾诗缇的开发采用了富士在胶片领域的最新技术，如纳米科技、胶原蛋白加工以及抗氧化技术等，成功让化妆品实现了前所未有的功能。开发团队领导会亲自将样品从研究所火速送到销售现场，并与客户、美容专家和店铺销售员一一见面。这是因为他们不知道生产胶片的富士所做出的化妆品对于客户来说意味着什么，也不知道自己在市场中所处的位置。

"为什么富士这样一个做胶片的企业会去做化妆品呢？"客户最初表达了这样的疑问。因此，开发团队领导一边进行着简单的试验，一边尽力说明富士胶片实际上是可以做化妆品的，这样的构想可以达到一定的目的。而消费者表情的变化体现了他们正在逐步接受富士化妆品："原来如此，这可是富士胶片独有的技术。"

富士很擅长提升自身的功能价值。员工在一线与客户面对面，利用 See-Think 明确自己的定位，从而让客户感受这一功能价值。

艾诗缇在 2006 年秋天开始发售。当时，以化妆品为中心业务的富士胶片生命科学团队计划在 2020 年达到 500 亿日元的销售额，而这也成为富士"二次创业"的象征性业务。

古森将公司的气质形容为"浪漫和具有一点冒险精神"，其中，"浪漫"或许指的就是对未来的憧憬，即"想成为什么样的企业"；而为了实现目标，就需要勇敢地向未知的世界迈进，这就是"冒险精神"。古森希望后继者也能够拥有未来想象力，并贯彻基于未来想象力形成的叙事型战略。

由共感产生的认同是领导力的基础

要想拥有未来想象力，就需要领导者具备从宏观上统览全局的能力，寻求基于共善的企业存在意义，明确"想做什么"的企业目标，还要具备构思能力，可以在错综复杂、微观的个别具体事物中选择必要的方面并将它们联系在一起，得到仅凭逻辑推论不出的未来（非连续性未来），能够面向未来进行叙事。而能够超越逻辑，成为构想未来的原动力的，只有共感。

纵观古今中外，富有未来想象力的代表性人物之一就是温斯顿·丘吉尔。当时，面对连战连胜、来势汹汹的纳粹德国，英国原本的执政者希望采取绥靖政策。但对此，丘吉尔认为"英国应继续担当自由与民主的守护者"，他看到了未来，果敢地与纳粹德国战斗到底。而做出这一决定的原动力，在于丘吉尔经常深入百姓生活的地方，与国民产生了共感。

在日本被称为"经营之神"的松下幸之助提倡的"自来水哲学"也是如此。幼年时期的松下家境贫寒，因而他希望未来能够创造出像水龙头里的水一样价格低廉的电器制品。如果这个愿望能够实现，就能为人们带来幸福生活，"建立一个幸福的世界"。这样的共感，使他拥有了未来想象力。

迅销集团的柳井正在与顾客的共感中，提出了"创造客户可以自由挑选的环境"这一未来设想。当优衣库的消费者遍及全世界之后，柳井正又提出了"改变服装，改变常识，改变世界"的愿景。

7-11 的铃木敏文站在没落的小型商店的立场上，提出了"不管是小型商店还是大型商超都能共存"的未来设想，创立了日本第一家真正意义上的连锁便利店。当便利店的利润增长趋于缓慢时，面对因老龄、少子化而增多的老龄化家庭和就业女性，他拥有了新的共感，提出了"提供餐饮服务"的便利店新构想。

富士的古森重隆对于主业市场需求萎缩这一前所未有的危机感到不安，为了将员工动摇的意志重新团结起来，促使他们奋发向上，他提出了"以龙头企业之姿屹立在 21 世纪"的口号，为员工展示了企业的未来定位，唤起了员工的共感。

本书中出现的领导者和创新者都擅于与人共感。日产开发 Note e-POWER 的技术人员站在客户同时也是驾驶者的立场上，提出了"享受驾驶的乐趣""单踏板驱动"的电机驱动新概念，而没有走追求低燃耗、环保性能的既有路线。为了实现这一目标，日产将试驾后的感受与数据相比对、讨论，再落实规格，尤其注重艺术性与科学性的融合。

策划出 Goodjoba!! 项目的关根达雄，从饲养员的工作方式中得到共感，坚定了重振读卖乐园的信念。起初，他要求员工绞尽脑汁想办法，而对这一人才培养方式产生共感的员工也逐渐有了策划活动的能力，使游乐园吸引了越来越多的游客。

时机成熟后，关根达雄并没有站在游乐场的角度，而是站在游客的角度思考问题。他提出，"不管是玩耍还是学习，其乐趣的本质都是一样的，那就是凝结了人类的智慧""如果以手工制作为项目主题，就能让支撑起日本制造业全盛期的一代人和孙辈在游乐园里一起开怀畅谈"，这就是读卖乐园的未来愿景。

为实现这一目标，关根与部下曾原俊雄经常前往工厂参观。他们并非纸上谈兵，而是亲自赶往一线，直观事情的本质，并以身作则实践了行为规范。

人见光夫作为创驰蓝天发动机的开发者，设计产品的出发点也是为了在不久的将来满足人们对内燃机的需求，特别是为新兴国家的消费者提供燃耗更低、环保性能更好的发动机。

人见设想内燃机的终极形态这一未来愿景，明确了目标实现的控制因素，将路线图清晰化，这就是叙事型战略的情节。他所面临的第一个挑战，便是实现超越常识的"世界第一压缩比"，激发出发动机未知的可能性。之后他又不断重复自己的行为规范，表示"不要过于保守，即使做起来很难，也要做对客户有利的事"。

NTT 多科莫的农业女子进入他人的内心世界，与客户、合作企业、地方政府等建立美好的关系，这就是典型的共感经营。这种经营的核心就在于"共同创造梦想"的未来性指向极强。因此，农业女子在与他人谈话时，经常会用"好厉害""好棒""好喜欢"这样积极的字眼来直截了当地表达自己的情感。"好"的三段活用就是农业女子的行为规范。

日本环境设计的岩元美智彦为了实现没有战争的社会，提出了"未来只使用地上资源""不用一滴石油的社会"的构想。人们支持这项活动，是因为对这幅未来愿景产生了共感。而为了让更多的人加入，就要将娱乐的要素加进来，这就是岩元的行为规范。

一般情况下，人对他人产生控制力和影响力的基础有以下几种：合法（组织正式赋予权力）、有偿（给予报酬）、强制（给予处罚）、专业（具备专业的知识）、认同（由共感而产生的团结感）。其中，认同是影响范围最广的因素，本书中出场人物的领导力基础就在于此。

人们在相互间产生共感时，就会团结起来，对方的目标就会变成自己的目标，从而在实现目标上具有强烈的动机。与此同时，也会自发地产生自律，不会有人认为自己受制于人。在组织中，这是一种理想的形式。

这种形式会让人联想到共同体型组织。在富有未来想象力的共感型领导和创新者周围，会产生"什么是最好的"的共善思想，依靠共感建立起一体的氛围。在超越"管理与被管理""卖方与顾客"的非对称性关系的共同体当中，每一个人都具备了高度的主体意识，积极发挥实践性知识，加速未来的创造。事实证明，能够将成员有力地团结起来的团队，生产效率也会更高。

创造良性循环，会让坚持以共感为基础、实行叙事型战略的组织变得更加强大。

凝聚起每个人的力量，发挥更多可能性

一切的一切都来源于相遇和共感。在这个感性价值比功能价值更能唤起人与人之间共感的时代，用于福利事业的辅助机器设备中所包含的小创新，虽然只是以小规模市场为对象，却有可能发展成为具有社会性的大创新。下面这则案例，将作为本书的结尾，讲述共感经营打破日本企业发展闭塞局面的可能性。

有一个装置，可以将声音的大小转换成振动和光的强弱，以此来传递声音的特征。富士通发售的这个长约 6.5 厘米、手掌大小的装置，名字叫作Ontenna。

装置内设有麦克风、振动器、LED，在麦克风感知到声音的同时，装

置会发生振动，并发出亮光。用户还可以通过发送信号将控制器与数个 Ontenna 连接起来，只要按动控制器，就会有数个 Ontenna 同时振动。装置上还安装有夹子，可以将其别在头发、耳垂、衣领以及袖子上等。

富士通将这种装置免费发放给各地的聋哑学校，使有听觉障碍的儿童和学生可以在音乐课上通过振动和光感受乐器演奏的声音。在体育课上，老师可以通过振动教学生把握击打羽毛球的时机。课堂的情景焕然一新，儿童们、学生们都高兴地表示"大家的演奏节奏变得整齐划一了，真棒""羽毛球也打得更好了"。老师们也给出了这样的反馈："不太会发音的孩子们变得会积极发声了""原本对乐器没有兴趣的孩子们开始对此着迷了"。

Ontenna 的开发始于富士通一名新员工的思考，他叫本多达也，是技术解决方案部门企业管理总部 Ontenna 项目的负责人。故事开端于本多与两个人的相遇。一位是本多在大学一年级时遇到的当地聋哑团体的会长，他是一名先天性听觉障碍人士，在校园开放日时迷了路，而在此时，本多为他提供了帮助。因为这个机缘巧合，本多开始练习手语，与会长一边参加活动，一边深入交流。

另一位则是本多在打工的家电零售店遇到的顾客，当他们在校园里再次相遇时，本多才知道对方是自己就读学校的教授。当时，这名教授正在从事借由身体感触向视觉障碍者传递信息的研究。本多对利用高科技"扩展身体感觉"很有兴趣，于是改选了这位教授的课程。他在毕业时也决定要研究如何才能将声音信息传递给听觉障碍者。

最初，本多想设计一个通过光的强弱来传达声音的装置。但会长说："对于依靠视觉来感知生活的聋哑人来说，增加新的视觉信息反而会变成负担。"

因此，以振动来传递声音信息的设计原型就诞生了。后来会长又为本多的设计带来了新的灵感："风吹过，头发是会顺着风的方向飘动的。"因此，本多决定将该装置做成发夹，可以别在神经比较敏感的头发上。

在本多上研究生二年级时，也就是 2014 年，他申请了"前人未踏入的研究项目"（由日本信息处理推进机构 IPA 主办）。该项目为发掘和培养未满 25 岁的信息技术人才而设立，并提供研究资金支持。本多的项目暗含了"产生社会影响的创新力"这一主题，因此一经披露就受到了大量关注，到处都掀起了将该研究成果实用化的呼声。

本多毕业后在工厂工作，仅凭个人的能力进行研究，成果终究是有限的。就在这时，有人把他介绍给了富士通的一位董事，本多向对方表达了自己的想法："希望将 Ontenna 商品化""特别想为聋哑学校的孩子们开发这款产品"。这是本多在 Ontenna 研发道路上遇到的第三个人。

这位董事与本多也有着共感，"希望能让未来的孩子们在成长中有更多的可能性"，于是立即给予本多答复："要不要来我们公司？在这里你可以自由发挥。"于是在 2016 年 1 月，本多入职富士通，由此，他的项目组成立，一些听觉障碍者也加入进来，开始制作 Ontenna 的原型。值得注意的是，本多在开发的同时，还积极向外界传达富士通开发 Ontenna 的信息，力求与不同行业的人接触。

本多尤其关注与娱乐行业的合作，不断探索 Ontenna 商业化的可能性。人们在佩戴 Ontenna 观看电影时，可以通过振动感受背景音和电影的音效；在观看体育比赛时，可以通过振动感受到运动场内的欢呼声。这都是因为在 Ontenna 中还蕴含着另一种思想，那就是"Ontenna 不仅是一种用于福利事业的装置，还是听力健全的人也可以使用的产品。让聋哑人与听力健全的人能够一起感受音乐，这就是 Ontenna 所展现的新未来"。

本多不断收到来自电视台和旅行社"希望在相关活动中使用"的提议，因为用途广泛，本多想将其制作成产品。尽管公司内部也有一些人担忧，但本多越过了持谨慎观点的中层，与产生了共感的高层接触，不断保证"没有问题"。

2018 年 7 月，公司决定将 Ontenna 商业化。其制造工作由集电子设备的设计、开发、销售为一体的富士通电子负责，由此量产技术的开发也提上了日程。而其中最重要的软件部分，则由富士通解决方案技术总部的王牌技术开发人员石川贵仁负责。

起初，石川对这项工作并没有什么兴趣，但他逐渐对"不论听觉是否健全，都能够一起享受音乐的未来"这一想法产生了共感。他带领团队成员一起探访了聋哑学校，对孩子们使用 Ontenna 的场景印象深刻，于是决定自 2019 年 3 月起进行 9 个月的短期开发。

在制造 Ontenna 的原型时，石川将本多捕捉到的振动规格化，再将样品送到聋哑学校，收集反馈。这样重复数次，不断寻找能够体现出最好声音形态的产品规格。"即便短时间内的开发工作非常辛苦，但每次将产品拿到聋哑学校，看到孩子们开心的笑容时，我都会非常欣慰，也会敦促自己继续努力。这是我作为开发人员在 13 年的开发历程中遇到过的最幸福的事。"

在乒乓球比赛中，如果将麦克风放在乒乓球台附近，聋哑人就可以凭借振动和光感受对打的声音，和听力健全的人一同观战；在日本古典歌舞剧能剧的舞台上，聋哑人也可以通过振动和光来观看现场表演；在东京车展上也可以策划多种活动，让聋哑人利用装置振动感受马达的轰鸣等，从而获得更多体验。

目前，本多正在使用人工智能来配合各种使用目的，开发只对特定频率声音产生反应的技术，该技术作为日本的国家研究项目正在推进中。

虽然也有人邀请本多进行创业，但本多却没有选择自立门户。他表示："如果没能进入企业，我就不可能在这么短的时间内做出完成度如此之高的产品。日本的大企业已经积累了许多商品化技术，许多年轻人怀揣着目标，可以凭借大企业的力量实现自己的梦想，造福社会。我希望我能成为开辟这条道路的表率。"

本多在与听觉障碍者共处的过程中产生了共感，直观到了共存的本质，提出了"与聋哑人一同享受音乐，开辟新未来"的跳跃性假设，推进了创造未来的叙事型战略。这就是从第二人称视角到第一人称视角，再到第三人称视角的展开过程。

类似 Ontenna 这样的创新大多诞生于风险投资企业，因为即便在大企业内出现具有革新性、独创性的点子，也可能会由于部门和同事等因素产生的阻力而被边缘化，进而沦为普通的发明。

那么，为什么在富士通这个员工总数超过 13 万人的大型企业中，能够诞生 Ontenna 这样的发明呢？

这是因为，富士通积极从外部引进具备未来想象力并且有特殊才能的人才，让其在公司内开展项目，并保证其构想及行动的自由度。但是，仅凭这一点并不能保证项目的顺利开展，因为公司内部的压力必然存在。

这里值得注意的是领导者的行为方式。本多利用公司内外的共感力量，消除了这一压力。首先，本多没有仅仅依赖公司内部，而是积极地向外部推进项目。他一边通过对外宣传，提升 Ontenna 的社会认知度；一边以娱乐领域为中心，与各种各样的人进行交流，使他们对 Ontenna 在未来发挥的作用产生共感，开拓了 Ontenna 的商机。由此可见，本多采取了从外到内的进攻战略。

其次，本多与对 Ontenna 前景感到担忧的领导保持距离，转而接近级别更高的领导，寻求其对 Ontenna 的共感，在追求"让聋哑人与听力健全的人一起享受音乐的崭新未来"这一理想的同时，利用手腕推动了理想主义层面的实用主义。

本多既没有权力，也没有财力，他只是基于公司内外的共感形成的认同来驱动组织。这就是典型的共感型领导的行为方式。

另一个值得注意的要点是，在量产化阶段，掌握了概念的本多与掌握了制造技术和一线经验的石川相互交流，他们是凭借共感连结在一起的拥有不同特长的人才。

石川将本多积累的隐性知识，即"令人愉悦的振动"形成规格，转换为显性知识。长处相同的人在碰撞后是无法产出意想不到的成果的，而拥有不同长处的两个人能实现知识的互补，克服各种矛盾与难题。这凸显了领导在将个人的思想组织起来并加以实现时，选择互补的人才的重要性。

虽然 Ontenna 是一个小创新，但借由振动与光提升人身体上的感受质量，使人们对 Ontenna 产生共感，这对于社会来说是一个大的冲击、大的创新。

Ontenna 的开发是在本多与富士通董事的相遇中，基于共感得到了全面支持后，排除组织压力，在短时间内实现商品化的范例。从中可以看出，对于共感经营来说，企业高层的支持是至关重要的。

WRINKLE SHOT 的开发也是如此，末延则子之所以能够压制住企业高层要求终止开发以及变更方针的论调，是因为末延对 POLA 的创办者之孙铃木乡史社长有着共感。铃木是本田宗一郎的崇拜者，还曾在本田公司做过工程师。

创驰蓝天发动机的项目也是如此，人见光夫的目标是世界第一压缩比，但反对者认为相比于高压缩比，精简配置更为重要。新总部部长到任后，与人见产生共感，说"我相信人见的技术，我全力支持他"，这样，项目才得以重新启动。这位总部部长就是被称为"创驰蓝天内燃机的中心人物"的藤原清志，现为马自达副社长。

农业女子也是一样，其本身虽然是一个非正式的组织，却有独特之处，名称被允许印在名片上。对其活动产生共感的董事为活动建言，并允许成员越级随时进行讨论，这样才让项目得以快速推进。

前言中提及的麒麟公司原副社长田村润，在担任高知分店店长时，并没有遵从总部的指示，而是坚持自己的路线，因此与总部推崇分析的企划部门产生了冲突与摩擦。但是，最后总部对高知分店的理念产生了共感，希望让更多的高知人过得更开心，甚至会有啦啦队为分店加油打气。共感的连锁反应，让公司重新夺回了市场占有率。

以人与人之间的共感为基础的认同，其力量要胜于合法的权力、报酬、以及处罚所带来的影响力。共感会打破组织内部在时间、空间、阶层上的压力和阻力，提升相关人员的主体意识，使领导者和创新者的跳跃性假设通过叙事型战略得以实现，进而实现创新。

如今，日本企业陷入了过度分析、过度计划、过度遵守规则的 3 大疾病，这导致企业活力丧失、组织能力弱化。这 3 大疾病会增大压力，遏制创新，而要打破这种压力，就需要共感的力量，这也是共感经营的奥妙所在。

野中构建的适用于组织的知识创造理论，提出了共享隐性知识，以及以共感为基础的 SECI 模型。而这来源于他对 20 世纪 80 年代日本企业的商品开发一线的研究，当时日本企业势如破竹，广受赞誉。

这其中，有一种情形是企业拥有超越自我的能力，指的是员工在与团队成员共振、共鸣、共感、共创中进行挑战自我的创新。

研究、开发、生产、销售等各部门应相互延伸，或者说，深入对方领域，互相学习。供应商不单单是供应产品，也需要在开发初期参与到计划中。野中把这种模式比作"橄榄球比赛中的拼抢"，凝聚起每个人的力量的，是来自"一个团队"（One Team）的共感。

人际关系的本质在于共感。现在，我们应积极探寻共感的形成，推行共感经营，只有这样，方能找回创新的原动力。

未来，属于终身学习者

我们正在亲历前所未有的变革——互联网改变了信息传递的方式，指数级技术快速发展并颠覆商业世界，人工智能正在侵占越来越多的人类领地。

面对这些变化，我们需要问自己：未来需要什么样的人才？

答案是，成为终身学习者。终身学习意味着永不停歇地追求全面的知识结构、强大的逻辑思考能力和敏锐的感知力。这是一种能够在不断变化中随时重建、更新认知体系的能力。阅读，无疑是帮助我们提高这种能力的最佳途径。

在充满不确定性的时代，答案并不总是简单地出现在书本之中。"读万卷书"不仅要亲自阅读、广泛阅读，也需要我们深入探索好书的内部世界，让知识不再局限于书本之中。

湛庐阅读 App: 与最聪明的人共同进化

我们现在推出全新的湛庐阅读 App，它将成为您在书本之外，践行终身学习的场所。

- 不用考虑"读什么"。这里汇集了湛庐所有纸质书、电子书、有声书和各种阅读服务。
- 可以学习"怎么读"。我们提供包括课程、精读班和讲书在内的全方位阅读解决方案。
- 谁来领读？您能最先了解到作者、译者、专家等大咖的前沿洞见，他们是高质量思想的源泉。
- 与谁共读？您将加入优秀的读者和终身学习者的行列，他们对阅读和学习具有持久的热情和源源不断的动力。

在湛庐阅读 App 首页，编辑为您精选了经典书目和优质音视频内容，每天早、中、晚更新，满足您不间断的阅读需求。

【特别专题】【主题书单】【人物特写】等原创专栏，提供专业、深度的解读和选书参考，回应社会议题，是您了解湛庐近千位重要作者思想的独家渠道。

在每本图书的详情页，您将通过深度导读栏目【专家视点】【深度访谈】和【书评】读懂、读透一本好书。

通过这个不设限的学习平台，您在任何时间、任何地点都能获得有价值的思想，并通过阅读实现终身学习。我们邀您共建一个与最聪明的人共同进化的社区，使其成为先进思想交汇的聚集地，这正是我们的使命和价值所在。

CHEERS

湛庐阅读 App
使用指南

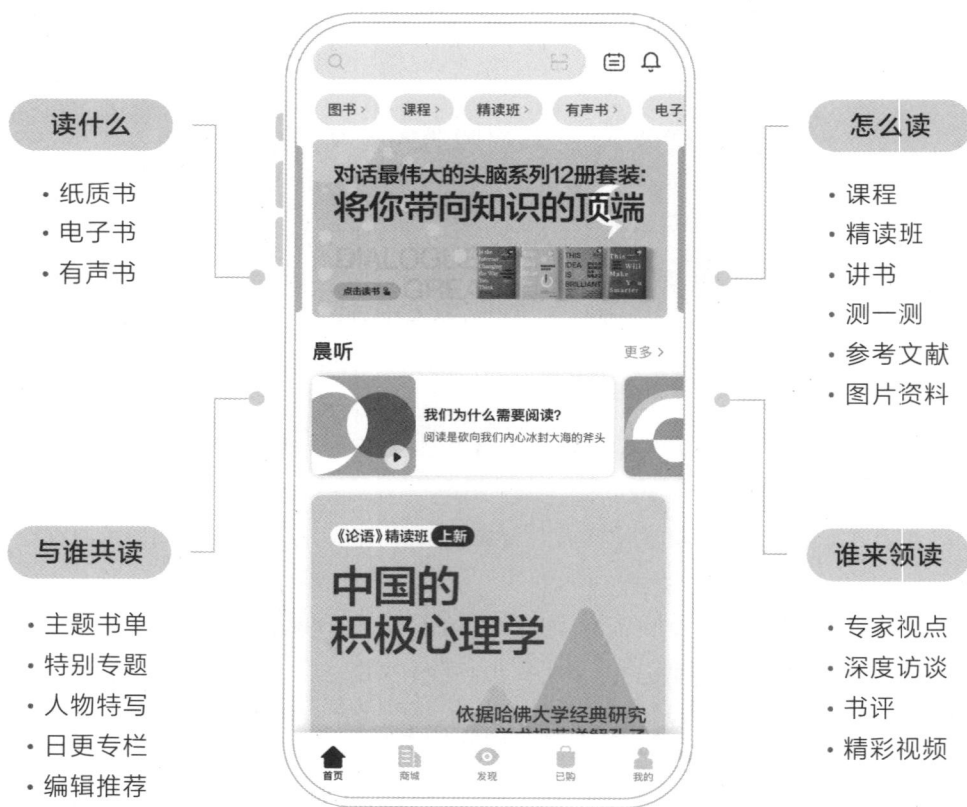

读什么

· 纸质书
· 电子书
· 有声书

与谁共读

· 主题书单
· 特别专题
· 人物特写
· 日更专栏
· 编辑推荐

怎么读

· 课程
· 精读班
· 讲书
· 测一测
· 参考文献
· 图片资料

谁来领读

· 专家视点
· 深度访谈
· 书评
· 精彩视频

HERE COMES EVERYBODY

下载湛庐阅读 App
一站获取阅读服务

图书在版编目（CIP）数据

共感经营/（日）野中郁次郎,（日）胜见明著；杨剑,王秋实,樊华译. — 杭州：浙江教育出版社，2024. 12. — ISBN 978-7-5722-8952-1

Ⅰ. F272.3

中国国家版本馆 CIP 数据核字第 2024UL8824 号

上架指导：企业管理

共感经营
GONGGAN JINGYING

[日] 野中郁次郎　胜见明　著

杨剑　王秋实　樊华　译

责任编辑：刘姗姗

美术编辑：钟吉菲

责任校对：李　剑

责任印务：陈　沁

封面设计：湛庐文化

出版发行：浙江教育出版社（杭州市环城北路 177 号）

印　　刷：河北鹏润印刷有限公司

开　　本：710mm ×965mm 1/16	**插　　页：**1
印　　张：14.75	**字　　数：**202 千字
版　　次：2024 年 12 月第 1 版	**印　　次：**2024 年 12 月第 1 次印刷
书　　号：ISBN 978-7-5722-8952-1	**定　　价：**89.90 元

如发现印装质量问题，影响阅读，请致电 010-56676359 联系调换。